Schörken · Historische Imagination und Geschichtsdidaktik

Rolf Schörken

Historische Imagination und Geschichtsdidaktik

Ferdinand Schöningh

Paderborn · München · Wien · Zürich

Die Deutsche Bibliothek – CIP-Einheitsaufnahme

Schörken, Rolf:
Historische Imagination und Geschichtsdidaktik /
Rolf Schörken. – Paderborn; München; Wien; Zürich:
Schöningh, 1994
ISBN 3-506-78129-4

Gedruckt auf umweltfreundlichem, chlorfrei gebleichtem
und alterungsbeständigem Papier ∞

Printed in Germany. Herstellung: Ferdinand Schöningh, Paderborn

ISBN 3-506-78129-4

Inhalt

Einleitung

Das Buch beschäftigt sich mit einem weißen Fleck auf der Landkarte der Geschichtsdidaktik, und auch in den Theorien der Geschichtswissenschaft spielt die Imagination bestenfalls eine Rolle am Rande. Vielleicht können die folgenden Überlegungen einen Beitrag zu einer neuen Einschätzung liefern.

Erste Anregungen gaben fast zufällige Alltagsbeobachtungen, unauffällig, vielfältig, wie sie jeder leicht machen kann, der mit Geschichte zu tun hat. „Ich kann mir das nicht vorstellen“- so oder ähnlich lauten Äußerungen, wie sie jeder Geschichtslehrer dutzende von Malen aus Schülermund gehört hat. Auch Studenten sagen dies, wenn ihnen eine Sache nicht ganz klar geworden ist, und wer sich beim Lesen historischer Darstellungen oder der Rezeption historischer Ergebnisse selbst beobachtet, weiß, daß einem dieses „Ich kann mir das aber nicht richtig vorstellen“ oft genug durch den Kopf geht – ein kleines Alarmsignal dafür, daß einem etwas nicht ganz klar geworden ist.

Der Satz drückt ein Ungenügen beim Verstehen eines historischen Sachverhaltes aus. Er wird oft einfach synonym zum Satz „Ich verstehe das nicht“ gebraucht. Aber daß man genauso gut den Satz „Ich kann mir das nicht vorstellen“ verwendet, ist auffällig. Der Sprachgebrauch legt eine erste Spur: Offenbar hat das Verstehen historischer Sachverhalte – auch – etwas damit zu tun, daß man sie sich vorstellen, d.h. daß man sich ein inneres Bild von ihnen machen kann.

Im täglichen Wortgebrauch wird das Wort „Sich-Vorstellen“ in der Regel nicht besonders präzise benutzt, dennoch läßt sich eine gewisse Bandbreite seiner Bedeutungen feststellen.

„Ich kann mir nicht vorstellen, wie es in Delphi zur Zeit der Perserkriege – oder in Athen oder Rom – wirklich ausgesehen hat“. In einem solchen Satz zielt das Wort „sich vorstellen“ auf ein räumliches Bild, die engere Wortbedeutung „sich ein Bild machen“ kommt hier deutlich zum Ausdruck.

„Ich kann mir nicht vorstellen, daß die Sklaven des Spartacusaufstandes einen derartig heftigen Widerstand leisten konnten“. Hier ist mehr als die topographische Vorstellung gemeint. Gefragt ist nach einem Handlungszusammenhang und darüber hinaus nach der Erklärung einer Auffälligkeit.

„Ich kann mir nicht vorstellen, daß Vereine und Presse einen solchen Druck ausüben konnten, daß eine Regierung im 19. Jahrhundert ihre Politik darauf einstellen mußte.“ Hier wird mit dem Terminus des Sich-nicht-Vorstellen-Könnens ein Zweifel an der Richtigkeit einer historischen Aussage ausgedrückt. Scheinbar ist das Moment des bildhaften Sich-Vorstellens hier verschwunden, unausgesprochen sagt der Satz noch mehr: Wenn genügend konkretes Material herangeschafft wird, das mich von der Richtigkeit der Aussage überzeugen kann, bin ich bereit, meinen Zweifel fallen zu lassen.

„Ich kann mir einfach nicht vorstellen, wie Menschen solche Grausamkeiten begehen können wie in Konzentrationslagern.“ Dieser Satz drückt aus, daß man an die Schwelle menschlichen Begreifens stößt. Es wird eine Erklärung erwartet, aber keine Formel, sondern eine solche, die man Schritt für Schritt nachvollziehen und sich zu eigen machen kann.

Immer, wenn der Satz „Ich kann mir das nicht vorstellen“ ausgesprochen wird, äußert sich ein Wunsch nach Aktivierung der Imaginationsfähigkeit.

Die Vorstellungsfähigkeit ist nicht die einzige geistige Leistung im Rahmen der Imagination, die bei der Vergegenwärtigung von Geschichte abgerufen wird. Es kommen in den folgenden Kapiteln noch weitere zur Sprache. Wenn wir geschichtliche Darstellungen lesen, neigen wir wie von selbst dazu, in die dargestellten Handlungen und Zusammenhänge, ja in eine ganze fremde Welt, einzutreten und in Gedanken mitzuagieren oder mitzuleiden, wir nehmen die nicht mehr existierende Welt als eine Art realer Welt wahr, und dies mit umso größerer Selbstverständlichkeit, je mehr wir zu lesen gewohnt sind und je mehr unsere Imaginationskraft die Fähigkeit gewonnen hat, die uns umgebende pragmatische Lebenswelt hinter sich zu lassen – wir merken es kaum mehr, daß hier besondere geistige Fähigkeiten im Spiel sind. (Vgl. dazu Kapitel 4 über das Verstricktsein in Geschichten und Geschichte sowie Kapitel 1 über die Dialektik von Vertrautem und Fremdem.)

Von Bedeutung für das historische Verstehen ist weiterhin das Verhältnis von Gesagtem und Nichtgesagtem: Jede historische Darstellung, wie sie auch aussehe, hat einen Vordergrund des Gesagten und einen stummen Bezugshintergrund des Nichtgesagten. Dieses Verhältnis ist die Voraussetzung für die imaginative Aktivität, die vom Leser historischer Texte dauernd gefordert wird und die, wie die anderen erwähnten Imaginationsleistungen auch, durchaus unbemerkt vom eigenen Bewußtsein, fast möchte man sagen: automatisiert, vollzogen werden. (Vgl. dazu Kapitel 2 über die Vordergrund – Hintergrund – Beziehung).

Damit ist bereits angedeutet, daß wir die Imagination vorwiegend dort aufsuchen, wo sie eine kreative, aber verborgene Rolle im Rezeptionsprozeß spielt. Kreativ bedeutet: der Text, den der Leser aufnimmt, ist nichts, was ohne eigenes Zutun einfach geschluckt wird, vielmehr bringt der Leser, der Rezipient, der Lernende einen eigenen Anteil mit ein. Verborgen soll bedeuten, daß es sich um unterhalb der Bewußtseinsschwelle ablaufende geistige Operationen handelt, die sich beim Lesen, Zuhören, Nachdenken über Geschichte der eigenen Beobachtung entziehen, solange man bei der Sache ist und nicht bei der Analyse eigener Bewußtseinsprozesse. Eben dieses ist auch ein Grund dafür, daß über diese Thematik nicht ohne entscheidende Hilfe der Theorie gesprochen werden kann.

Zuvor jedoch muß ein Einwand beim Namen genannt werden, der sich jedem mit der Geschichtswissenschaft Vertrauten aufdrängt, wenn er das Wort „Imagination" hört. Ist nicht die Imagination von alters her die Erzfeindin der Geschichtsschreibung, und hat die Historiographie nicht gerade im jahrhundertelangen Kampf mit dieser Gegnerin zu sich selbst, zu ihren bewährten Methoden und ihrer Erkenntnissicherheit gefunden? Es ist nicht die Absicht des Buches, wissenschaftsgeschichtliche Konflikte, die längst entschieden sind, wieder aufzuwärmen. Die letzte große Debatte um wissenschaftliches Vorgehen und die Rolle der Einbildungskraft fand statt gegen Ende der 20-er Jahre zwischen dem historisierenden Schriftsteller Emil Ludwig, der die Seite der Intuition vertrat, und Wilhelm Mommsen, der die freischöpferische Geschichtsdeutung als unhaltbar angriff[1]. Entschieden ist diese Debatte insofern, als feststeht, daß die Imagination keine historischen Ergebnisse setzen und keine Forschungslücken füllen kann. Sie hat auf der Ebene inhaltlicher Ergebnisse nichts zu suchen. Davon soll denn auch im folgenden nicht die Rede sein.

Wir suchen die Imaginationen an einem ganz anderen Ort im historischen Denkprozeß auf – vereinfacht gesagt: nicht am Ende des wissenschaftlichen Erkenntnisweges, also bei den inhaltlichen Resultaten, sondern am Anfang. Mit Anfang sind die Denkvoraussetzungen und Rezeptionsbedingungen gemeint. Die Imagination in dem hier verwendeten Sinne hat ihren Ort unter den geistigen Akten, die eine Rekonstruktion und eine Rezeption der Vergangenheit überhaupt erst möglich machen.

Unsere kleinen Eingangsbeobachtungen zum Thema des Sich-Nicht-Vorstellen-Könnens vermögen allenfalls, erste Spuren zu legen. Zu betretbaren Pfaden werden diese aber erst, wenn theoretische Grundlagenarbeit hinzu kommt. Die Fragestellungen der Geschichtsphilosophie haben sich in

---

[1] Emil Ludwig: Historie und Dichtung. Berlin 1928.
- ders.: Geschenke des Lebens. Berlin 1931. Darin vor allem das 8. Kapitel: „Meine Werkstatt." S. 727 – 766.
- Wilhelm Mommsen: „Legitime" und „illegitime" Geschichtsschreibung. Eine Auseinandersetzung mit Emil Ludwig. München und Berlin 1930.

den letzten Jahrzehnten stark verändert. Daran hatte vor allem die große Diskussion über Narratio, Zeit und Geschichte ihren Anteil. Man kann in der Abfolge dieser Diskussion zwei Stufen unterscheiden, die wie Systole und Diastole wirkten. Auf einer ersten Stufe ging es, ausgehend von Danto[2], um die Frage, was eine historische Minimalaussage überhaupt ausmacht und was einen Satz zu einem historischen Satz macht. Auf einer zweiten Stufe wurden, weit in alle Richtungen ausholend, Erkenntnisse der Literaturwissenschaft und Linguistik, der Kunstgeschichte und der Sozialphilosophie sowie unterschiedlicher Schulen der Historie mitherangezogen und zur Aufhellung der Aussagestrukturen von Geschichte und zur weitere Klärung des Narrationsbegriffs verwandt[3]. Die deutsche Geschichtsphilosophie, aus anderen Traditionen kommend, hat ihre anfängliche Zurückhaltung gegenüber der analytischen Geschichtsphilosophie der Amerikaner inzwischen durchaus aufgegeben, wovon die Arbeiten von Koselleck, Rüsen, Baumgartner und vieler anderer zeugen[4].

Für unsere Überlegungen haben sich unter den vielen an der Diskussion beteiligten Autoren besonders zwei als fruchtbar erwiesen: Wolfgang Iser und Paul Ricoeur.

Der Literaturwissenschaftler Wolfgang Iser hat die Rezeptionsästhetik in Richtung auf eine Wirkungstheorie des Lesens weitergeführt. Er machte in seinen Untersuchungen zum Akt des Lesens[5] auf eine Reihe verborgener mentaler Prozesse aufmerksam, die bei der im Lesen vollzogenen Vergegenwärtigung des Erzählten unterhalb der Bewußtseinsschwelle ablaufen

---

2 Arthur C. Danto: Analytische Philosophie der Geschichte (Suhrkamp stw 328) Frankfurt a. M. 1980. (engl.: Cambridge Univ. Press 1965)

3 Repräsentativ für die breite Spannweite der Diskussion
- Reinhart Koselleck / Wolf-Dieter Stempel (Hrsg.): Geschichte – Ereignis und Erzählung.(Fink) München 1973, mit 44 Beiträgen namhafter Vertreter aus Philosophie, Germanistik, Romanistik, Sprachwissenschaft, Historie, Theologie, Soziologie und Kunstgeschichte.

4 Reinhart Koselleck: Vergangene Zukunft. Zur Semantik geschichtlicher Zeiten. (Suhrkamp stw 757) Frankfurt a.M. 1989.
Karl-Georg Faber / Christian Meier (Hrsg.): Historische Prozesse. München 1978.
Jürgen Kocka / Thomas Nipperdey (Hrsg.): Theorie und Erzählung in der Geschichte. München 1979
Reinhart Koselleck / Heinrich Lutz / Jörn Rüsen (Hrsg.): Form der Geschichtsschreibungen. München 1982
Jörn Rüsen: Zeit und Sinn. Strategien historischen Denkens. (Fischer tb 7435) Frankfurt a. M. 1990
Hans Michael Baumgartner / Jörn Rüsen (Hrsg): Seminar. Geschichte und Theorie. Umrisse einer Historik. Frankfurt a. M. 1976.

5 Wolfgang Iser: Der Akt des Lesens.Theorie ästhetischer Wirkung. (Fink UTB 636) 3. Aufl. München 1990. Angesprochen sind hier vor allem die Kapitel über die Erfassungakte des Textes und die passiven Synthesen des Lesevorgangs S. 175 – 256.

und in den Bereich der Imagination gehören. Auf diese Weise hat Iser nachdrücklich eine Neubewertung der unterschätzten Rolle der Imagination in die Wege geleitet. Ebenso wichtig und für eine didaktische Nutzanwendung noch folgenreicher ist seine Bewertung der aktiven Rolle des Lesers und des Leseaktes selbst – folgenreich deshalb, weil Lesen und Zuhören seit geraumer Zeit didaktisch unter die mit dem Makel des Passiven versehenen geistigen Leistungen fallen, ein Irrtum, der dringend der Richtigstellung bedarf. Wenn auch Isers Untersuchungen die fiktive Literatur betreffen, so scheint doch bei behutsamer Übertragung eine Reihe von Phänomenen, auf die er aufmerksam macht, auch für die Geschichtsschreibung gültig zu sein. Vor allem sind es die passiven Synthesen[6], die für eine Weiterarbeit in geschichtsdidaktischer Absicht fruchtbar sind. Im Akte der lesenden (oder hörenden) Rezeption verwandeln wir eine Fülle von optischen oder akustischen Signalen in lebendige Gestalten, sinnhafte Gebilde, in Handlungsräume und Wirklichkeiten, in die wir eintreten und an denen wir in bestimmter Weise teilnehmen, als sei es unsere Welt. Diese zweite Wirklichkeit ist eine Hervorbringung unserer Vorstellungskraft.

Das Moment der Zeit hat bei Iser und Ricoeur ebenso wie in der gesamten Theoriediskussion über die Narration und die Vergegenwärtigung des

---

[6] Ebd. S. 219 f. Zum Begriff der passiven Synthesen: „Solche Synthesen sind indes von eigentümlicher Natur. Sie sind weder in der Sprachlichkeit des Textes manifestiert, noch sind sie reines Phantasma der Einbildungskraft des Lesers. Die Projektion, die sich hier vollzieht, verläuft auch nicht eingleisig. So gewiß sie eine Projektion des Lesers ist, die von ihm ausgeht, so gewiß bleibt sie gelenkt durch die Zeichen, die sich in ihn ‚hineinprojizieren'. Der Anteil des Lesers und der Anteil der Zeichen an dieser Projektion erweisen sich dann als schwer voneinander zu trennen. ‚Genaugenommen sieht man hier eine komplexe Realität aufsteigen, bei der der Unterschied zwischen Subjekt und Objekt schwindet' (Jean Starobinski: Psychoanalyse und Literatur. Frankfurt 1973, S. 78). Komplex ist diese Realität aber nicht allein dadurch, daß diese Synthesen unter der Schwelle des Bewußtwerdens verlaufen und dadurch selbst nicht gegenständlich werden, es sei denn, man hebt sie zum Zweck der Analyse über diese Schwelle hinweg. Doch selbst in einem solchen Fall müssen sie erst einmal gebildet werden, ehe sie Gegenstand der Beobachtung sein können. Weil ihre Bildung so unabhängig von beobachtender Einstellung ist, sollen sie in Anlehnung an eine von Husserl gebrauchte Terminologie passive Synthesen heißen, um sie von jenen zu unterscheiden, die über Urteile und Prädikationen zustande kommen. Passive Synthesen sind daher vorprädikative Synthesen, die sich unterhalb der Schwelle unseres Bewußtwerdens vollziehen, weshalb wir dann auch im Lesen in dieser synthetischen Aktivität befangen bleiben. Es fragt sich nun, inwieweit passive Synthesen einen bestimmten Modus besitzen, dessen Ermittlung eine Voraussetzung für die Beschreibung der in den passiven Synthesen geleisteten Auffassung des Gelesenen bleibt.
Der zentrale Modus passiver Synthesen ist das Bild ...
Der eigentümliche Charakter solcher Bilder besteht darin, daß in ihnen Ansichten zur Erscheinung kommen, die sich im unmittelbaren Wahrnehmen des Gegenstands nicht hätten einstellen können. So setzt das Bildersehen die faktische Abwesenheit dessen voraus, was in den Bildern zur Anschauung gelangt."

Vergangenen eine grundlegende Bedeutung. Iser richtet seine Aufmerksamkeit auf die Temporalstruktur der Gestaltbildungsprozesse, die eine zweite Wirklichkeit in uns erzeugen, bei Ricoeur geht es um die „Bewußtseins“-Zeit und die „Erzähl“- Zeit bei der Refiguration der Vergangenheit. Es gibt in Paul Ricoeurs gewichtigem geschichtstheoretischen Werk[7] viele Berührungspunkte mit Iser.Die Einschätzung der Imagination ist bei beiden ausgeprägt hoch, Ricoeur spricht von der Kognition und der Imagination als den tragenden Säulen für den Nachvollzug der Vergangenheit in der Gegenwart. Sowohl für Iser wie für Ricoeur ist der Text – und das gilt auch für historiographische Texte – nur „eine skizzenhafte Vorlage“ für die Lektüre, skizzenhaft deshalb, weil er „Löcher, Lücken, Unbestimmtheitszonen“[8], aufweist, die der Leser im Akt des Lesens ausfüllt. Der Leser gestaltet den Text mit, anders ausgedrückt: „Der Text wird erst in der Wechselwirkung zwischen Text und Rezipient zum Werk“[9]. Es gibt nach Ricoeur zwei große Kategorien von narrativer Rede, die Fiktion und die Geschichtsschreibung. Die Geschichtsschreibung unterscheidet sich von der Fiktion dadurch, daß die Ereignisse, die sie darstellt, tatsächlich stattgefunden haben. Geschichtsschreibung steht daher unter striktem Realismusgebot, unerreichbar selbst für die realistischste Fiktionsliteratur. Ricoeur untersucht die Überkreuzungen und Durchdringungen von Geschichtsschreibung und Fiktion auf das genaueste. Eins ihrer verbindenden Element ist die Rolle der schöpferischen Einbildungskraft, die auf Seiten des Rezipienten aufgebracht wird und die keineswegs nur für die Fiktionserzählung, sondern auch für die Geschichtsschreibung konstitutiv ist. „Die Geschichte ist quasi-fiktiv, da die Quasi-Gegenwart der Ereignisse, die dem Leser durch eine lebendige Erzählung ‚vor Augen‘ geführt werden, durch ihre Anschaulichkeit und Lebendigkeit den nötigen Ersatz bietet für das sich entziehende Vergangensein der Vergangenheit ...“[10].

---

[7] Paul Ricoeur: Zeit und Erzählung. Bd. I.: Zeit und historische Erzählung. (Fink) München 1988. (Frz.: Temps et récit. Tome I. Paris 1983.)
– ders.: Zeit und Erzählung. Band II. Zeit und literarische Erzählung. (Fink) München 1989.(Frz.: Paris 1984)
– ders.: Zeit und Erzählung. Band III. Die erzählte Zeit. (Fink) München 1991. (Frz.: Paris 1985)

[8] Ricoeur Bd.I, S. 122. – Die Leerstellen- Theorie, auf die sich neben Ricoeur auch Iser bezieht, geht zurück auf Roman Ingarden: Das literarische Kunstwerk. 2. Aufl. Tübingen 1960. Bei den sog. Leerstellen geht es um die Unbestimmtheitsstellen von Texten. Solche Unbestimmtheitsstellen werden bevorzugt von der Imagination des Lesers besetzt, weshalb sie für unsere Thematik von besonderem Interesse sind. Vgl. dazu Iser (Anm. 5) S. 284.

[9] Ricoeur Bd. I, S. 122

[10] Ricoeur Bd. III, S. 308.

An dieser Stelle soll nicht tiefer in die an Detailliertheit kaum zu überbietenden Untersuchungen Ricoeurs eingedrungen werden. Es mag genügen, klarzustellen, in welchem Rahmen wir den Imaginationsbegriff verwenden und wie er hier nicht verstanden werden darf.

Es ist im folgenden *nicht* die Art freischweifender Phantasie gemeint, die man aus historischen Romanen oder Biographien populärer Machart kennt und die sich über das Realismusgebot der Geschichtsschreibung hinweggesetzt, indem sie Sachen erfindet oder, wie es besonders gern geschieht, Gespräche aufzeichnet, die nie einen Zeugen gehabt haben, geheime Gedanken, die niemand kennen kann, oder die von der Innensichtperspektive historischer Personen einen unerlaubten Gebrauch macht. Gemeint ist auch *nicht:* Illusionäres, Imaginäres, Phantastisches, auch nicht die Geschichte von Einbildungen und Phantasien im Wandel der Zeit[11]. Es geht vielmehr um elementare Denkakte, die in eine Hermeneutik des historischen Bewußtseins und in eine Phänomenologie der historischen Rezeption gehören, die also dem wissenschaftlichen Umgang mit Geschichte nicht nur nicht im Wege stehen, sondern ihn bedingen.

Es stellt sich dem Leser vermutlich die Frage, weshalb ein Buch, das mit geschichtsdidaktischer Zielrichtung geschrieben ist, einen so weiten Weg über die Theorie geht. Ist das nicht kürzer und prägnanter in direktem Zugriff zu machen? – Ich glaube nicht, und zwar aus drei Gründen:

- Die Theorie spielt hier die Rolle des Augenöffners. Die Bedeutung der passiven Synthesen z.B. ist aus der bloßen pragmatischen Beobachtung von Unterrichtswirklichkeit schlechthin nicht wahrzunehmen.
- Der Weg über die Theorie ist auch deshalb nötig, um die Forderung nach didaktischen Konsequenzen gründlich zu untermauern. Es hat sich z.B. gezeigt, daß die didaktische Erörterung über die Wiederaufwertung des Erzählens im Laufe der letzten beiden Jahrzehnte keine rechte Wirkung getan hat. Das liegt an der ungenügenden theoretischen Grundlegung.
- Hinzu kommt ein weiteres Motiv, eine im Grunde kulturkritische Überlegung: Wer die kreativen Möglichkeiten kindlicher Imaginationsbildung gefährdet sieht durch eine gewaltige Überfütterung mit Medienprodukten, die keinen Raum lassen zur Ausprägung der Fähigkeit, innere Bilder zu produzieren, der braucht gute Argumente, weil ihm der Wind der großen Trends ins Gesicht bläst. Es geht hier um mehr als nur Geschichtsdidaktik, aber eben auch um diese.

---

[11] So hat z.B. Jacques LeGoff die historischen Wandlungen von Phantasien, Einbildungen und Angstvorstellungen in seinem Buch „Die Geburt des Purgatoriums“ von 1981 untersucht.

1. Die Dialektik von Vertrautem und Fremdem in der Geschichte

Anderthalb Jahrhunderte weltweiter Geschichtswissenschaft, deren Forschungsleistungen längst zum sicheren Kulturbestand der Völker geworden sind, eine unerschöpfliche historische Buchproduktion, der Geschichtsunterricht an den Schulen, die Existenz von Museen als einer längst selbstverständlich gewordenen Einrichtung haben zu einer Gewöhnung an die Geschichte geführt, die uns den Sinn dafür genommen hat, welch problematische Sache die Aneignung der Vergangenheit ist. Eine gewaltige Vermittlungsindustrie, in der das Fernsehen die Dominanz übernommen hat, ist tagaus, tagein damit beschäftigt, uns neben tausend anderen Dingen auch Geschichte nahezubringen. Geschichte ist in unserer Gegenwartskultur in einem Maße zuhanden, daß man von einer Domestizierung des Fremden sprechen kann. Der Gedanke, daß das Vergangene wirklich vergangen ist, von der Sukzession der Zeit weggespült, „entworden", wie Alfred Schütz sagt, nie mehr zu voller Gegenwärtigkeit kommend, ist in unserm Kulturbewußtsein so gut wie nicht mehr vorhanden. Er steht zudem in einem auffälligen Mißverhältnis zu dem nackten Präsentismus, wie er oft genug im Geschichtsunterricht anzutreffen ist.

Das war nicht immer so, im Gegenteil: Zu allen Zeiten war den Menschen das Erschrecken vor dem Dunkel der Vergangenheit zu eigen, ein Schrecken, der sich letztlich auf die eigene Todesverfallenheit richtet.

Goethe war vielleicht der letzte, bei dem sich diese Haltung durch das gesamte Leben zog und in seinem dichterischen Zugriff auf die Welt niederschlug. Er hatte einen ausgeprägten Sinn für die Unvertrautheit des Vergangenen und ein lebenslanges Unbehagen vor einer Vermischung von Gegenwärtigem und Vergangenem, die für ihn schwer erträglich war und in die seine tiefe Scheu vor dem Tod hineinspielte. Als er sich im Alter nach langem Vorsichherschieben dem Problem thematisch stellte, in der Helenatragödie des Faust II. Teil, behandelte er die Vergegenwärtigung der Vergangenheit als einen magischen Vorgang mit unheimlichen und gespenstischen Zügen, von ihm auch immer wieder mit Worten wie „Phantasmagorie", „Gespensterspuk" und Halbwirklichkeit" bezeichnet[1]. An anderer Stelle sprach

[1] Vg. Emil Staiger: Goethe. Bd. III. (Atlantis) Zürich und Frankfurt 1959. S. 299.

er von „Gottähnlichkeit“ angesichts der gleichzeitigen Wahrnehmung von Vergangenem, Gegenwärtigem und Zukünftigem – das komme dem Menschen nicht zu[2]. Bekannt sind seine Warnungen an die Romantiker, Vergangenes in die Gegenwart zu mischen. Die Romantik hatte für solche Warnungen wenig Sinn, und man kann nicht behaupten, daß die Geschichtswissenschaft, Kind der Romantik, etwas von Goethes Sensorium für das Unheimliche bei der Annäherung an die Vergangenheit übernommen hätte.

Obwohl Goethes Scheu vom heutigen Zeitgenossen kaum noch verstanden wird, sind die Aporien der Vergegenwärtigung des Vergangenen nicht aus der Welt. Sie haben sich verlagert und sind Gegenstand philosophischen Denkens geworden. Das Philosophieren über Zeit und Zeitlichkeit hat mit Husserls zeitphänomenologischen Untersuchungen und mit Heideggers Existentialontologie von „Sein und Zeit“ einen Gipfel erreicht. Neuerdings haben sich in Sprach- und Geschichtsphilosophie, in Textanalytik, Literaturwissenschaft und Ästhetik bestimmte Richtungen entwickelt, die sich, von verschiedenen Ausgangspunkten kommend, dem Problem der Zeitstruktur der Narration widmen. Daß gerade die Narration zu einem Brennpunkt für Zeitphilosophie geworden ist, hängt einmal damit zusammen, daß das Erzählen die wichtigste und überdies leicht zu beschreitende Brücke zur Vergangenheit ist und daß zum andern Sprache und Text mit ihrer immanenten Zeitstruktur die Orte sind, wo wir unablässig mit der Zeit umgehen, wo wir die Zeit „haben“.

Freilich – ist nicht geradezu die Narration eine Verführerin, die die bei Goethe noch so lebendigen Widerstände einschläfert, wenn sie uns aus unserer eigenen Gegenwart in eine andere, vergangene Gegenwart transportiert? Die mit dem Erzählen einhergehende Suggestivität ist ein psychisches Transportmittel, das uns zur Vertrautheit mit der Vergangenheit bringt, einer Vertrautheit, die uns die Aporien der Vergegenwärtigung vergessen oder wenigstens auf Zeit suspendieren läßt. Schon Coleridge bemerkte eine willing suspension of disbelief als Moment einer solchen Verführung. Iser sieht diese gewollte Aufhebung des Unglaubens vor allem in der Suggestion durch den fiktiven Roman, sie gilt aber auch für den halb-fiktiven, imitatorischen historischen Roman älteren Musters. Überall dort, wo mit erzählerischen Mitteln, nicht ohne Mithilfe von Phantasie, eine scheinbare Gegenwart aufgebaut wird, in die der Leser beim Lesen eintritt, unterliegen wir dieser Suggestionswirkung.

Im modernen Sachbuch und im modernen historischen Roman gibt es indes Autoren mit bemerkenswertem Problembewußtsein für unsern Fragekomplex. Schriftsteller wie Peter Härtling und Dieter Kühn (vgl. auch

---

2 Ebd. S. 304.

S. 95), stehen der durch das Erzählen erzielten Illusionswirkung ambivalent und hoch reflektiert gegenüber: sie neigen dazu, die Wirklichkeitsillusion immer wieder zu durchbrechen, um den Möglichkeits- und Unbestimmtheitscharakter, auch das unverhüllt Fremde einer vergangenen Zeit herauszuheben, doch tun sie das grundsätzlich im Horizont eines scheinbar gegenwärtigen Dabeiseins. Sie treiben ein doppelbödiges Spiel von Illusionsbildung und Illusionsdurchbrechung, dessen Lesereiz beträchtlich ist.

Die dem Erzählen innewohnende Illusionswirkung ist auch dem Historiker und dem Geschichtslehrer bekannt, jedem auf seine Weise. Beide sind mißtrauisch gegenüber dieser Wirkung. Hier liegt einer der Gründe dafür, daß das Erzählen von Geschichte im Unterricht in Mißkredit gekommen ist. Der reflektierende Lehrer hat nicht selten das Gefühl, es seinen Schülern mit der Aneignung der Geschichte zu leicht zu machen. Er weiß, daß die Vergegenwärtigung der Vergangenheit ein Geschäft ist, das nicht um einen zu leichten Preis zu haben ist. Die Frage allerdings, ob dem Erzählen generell der Vorwurf zu machen ist, zu leichte Zugänge zur Vergangenheit zu schaffen, ist damit gerade erst gestellt und noch längst nicht beantwortet. (Vgl. dazu Kap.7: Kritik und Zukunft der Geschichtserzählung.)

Der Haupteinwand des Historikers gegenüber dem historischen Roman bezieht sich auf die Verwendung fiktiver Mittel. Alle Geschichtsschreibung, welcher wissenschaftlichen Richtung sie auch angehört, steht unter striktem Realismuszwang. „Realist sein bedeutet, die Dinge klar zu sehen: so wie sie sind“ (Hayden White)[3] – der kleinste gemeinsame Nenner der Historiographie ist eine Absage an Fiktion und Phantasie.

Dieser scheinbar einfachste aller Tatbestände enthüllt sich bei genauerer Betrachtung als gar nicht mehr so eindeutig. Es stellt sich die Frage, ob sich historische Methode und Imaginationstätigkeit wirklich so deutlich trennen lassen. Folgt man den Untersuchungen Paul Ricoeurs[4], stößt man auf das Ergebnis, daß sich im Zentrum der realistischsten, methodisch vollkommen abgesicherten Arbeit des Historikers geistige Operationen nachweisen lassen, die auf Phantasietätigkeit beruhen und zum Bereich der Imagination gehören.

Ricoeurs Gedankengang: Wir kennen Geschichte nur als gedeutete Geschichte. Ein historisches Fundstück etwa ist noch keine historische Wirklichkeit, es ist eine „Spur“[5] zu einer nicht mehr vorhandenen Wirklichkeit.

---

[3] Hayden White: Metahistory. Die historische Einbildungskraft im 19. Jahrhundert in Europa. (S. Fischer) Frankfurt a.M. 1991. (Original: Baltimore & London 1973). S. 66.

[4] Gemeint ist hier vor allem Ricoeur Bd. III „Die erzählte Zeit“.

[5] Der Gedanke der Spur ist von J. Derrida übernommen, wo er in der Auseinandersetzung mit Husserls Phänomenologie der Zeit eine besondere Rolle spielt; Ricoeur knüpft daran an.

Bereits im Wort Spur stecken zwei Zeitebenen, ein Früher und ein Jetzt. „Einerseits ist die Spur hier und jetzt sichtbar, als Fährte oder Markierung. Andererseits gibt es die Spur, weil *früher* ein Mensch oder ein Tier dort vorüberging, bzw. ein Etwas gewirkt hat“[6]. Ricoeur hebt das Paradoxe an der Spur hervor: Der Übergang, also das Vergehen der Zeit, ist nicht greifbar, aber ein Etwas bleibt zurück, eben die Spur[7].

Das Identifizieren einer Spur – man denke etwa an einen archäologischen Fund oder eine schriftliche Quelle – als einer hinterlassenen Markierung setzt sich zusammen aus kausalen Schlußfolgerungen und Interpretationen, die den Bedeutungscharakter der Spur betreffen. Der aufgefundene Teil einer Waffe kann z.B. auf Grund bestimmter Kausalschlüsse identifiziert werden: etwa die ovale Form einer Speerspitze, die Art des Metalls, die Anlage der Schneiden, die Befestigungsmöglichkeit für den Schaft. Was sie für die Aufhellung der Vergangenheit bedeutet, ist eine Sache der Interpretation. Kausalschlüsse und Interpretation bedürfen aber zu ihrem Zustandekommen beide einer Operation, die mit Phantasietätigkeit verknüpft ist : der Gegenstand wird erst dann zur Spur, wenn man sich den Lebenszusammenhang vorstellt („se figurer“ bei Ricoeur): „die Welt, die heute nicht mehr ist, und, wenn man so sagen darf, den Resten der Vergangenheit heute *fehlt*“[8]. Eine Waffe ist nur dann als Waffe zu identifizieren, wenn man sich vorstellen kann, wozu sie gebraucht und wie sie gehandhabt wurde. Dieses primäre Sich-Vorstellen, das den Anfang der Arbeit des Historikers bildet, ist phantasiegebunden und hat mit der fiktionalen Welt des Schriftstellers mindestens so viel zu tun wie mit der des streng realistischen Empirikers. Je unbekannter das Objekt und je schwieriger seine Identifikation, umso größer der Anteil der Imagination. Eine wahre Fundgrube für solche Akte des Sich-Vorstellens von Lebenszusammenhängen bilden die Berichte der Paläoanthropologen, die sich mit der Rekonstruktion der frühesten Gattungsgeschichte des Menschen beschäftigen[9]. Phantasiemomente im Sinne von Sich-eine-vergangene-Welt-Vorstellen spielen nicht erst in der narrativen Wiedergabe der Geschichte, sondern schon in der Rekonstruktionsarbeit des Historikers eine wichtige Rolle. Folgt man Collingwood, muß man in der Hochschätzung der Imaginationstätigkeit sogar noch höher greifen: er versteht die historische Einbildungskraft als das Gegenstück zur Augenzeugenschaft und damit als das Moment, durch das sich

---

6 Ricoeur III, S. 191.

7 Ebd. S. 192.

8 Ebd. S. 299.

9 So z.B. sehr anschaulich bei Richard Leakey: Der Ursprung des Menschen. (Fischer) Frankfurt a.M. 1993.

Geschichte von jeder wahrnehmbaren Beobachtung von Präsentem unterscheidet[10]. Das heißt nichts anderes als: Ohne Imaginationskraft keine Historie!

Gehen wir von Ricoeurs Gedanken aus, daß Vergangenheit nicht mehr habhaft ist und wir von ihr in der Gegenwart nur die Spur haben, so müssen wir dem Begriff der Vergegenwärtigung der Vergangenheit besondere Aufmerksamkeit schenken. Was bedeutet Vergegenwärtigung, was bedeutet: in der Gegenwart nachvollziehen?

Die erste Aufgabe eines Habhaftwerdens der Vergangenheit liegt darin, dieser „den Stachel der zeitlichen Distanz zu nehmen", also eine „De-distanzierung als Identifikation mit dem, was einst war"[11], durchzuführen. Um bei unserm Beispiel zu bleiben: Nehmen wir an, ein Bauer hat auf seinem Feld ein Stück Metall gefunden, sieht, daß es alt ist, weiß aber nichts Rechtes damit anzufangen. Die Sache ist ihm fremd, die Zeit, aus der es stammt, bleibt dunkel. Der Archäologe, der die Identifizierung vornimmt, kann den Gegenstand als Waffe aus der Römerzeit bestimmen, er kann sich das Leben der Soldaten in dieser Zeit vorstellen und der Waffe darin einen Ort zuweisen. Dies wäre nach Ricoeur die „De-distanzierung". Mit diesem Gedanken befinden wir uns auf vertrautem Boden des deutschen Geschichtsdenkens: Sowohl für Ranke und Dilthey wie auch für Husserl liegt diesem Prozeß die Fähigkeit des Individuums zugrunde, sich in ein Fremdes hineinzuversetzen. Damit wird die Erfassung des Anderen, und eben auch des zeitlich Getrennten, zu einer Selbstbegegnung des menschlichen Geistes[12]. Immer findet in solchen Verstehensprozessen „irgendeine – sympathetische oder imaginative – Übertragung vom Selben auf den Anderen statt, die dafür sorgt, daß mir der fremde Andere vertraut wird"[13] In diesem Sich-Vergegenwärtigen liegt eine Operation der Imagination, insofern man sich dabei vorstellt, wie der Andere ist. Dies meint Ricoeur, wenn er sagt: „Die Vergangenheit ist das, was ich gesehen hätte, dessen Augenzeuge ich gewesen wäre, wäre ich dabeigewesen"[14].

Die in der Arbeit des Historikers immanent vorhandenen imaginativen Momente sind noch an vielen anderen Stellen nachzuweisen. Hier sei nur noch ein ganz anders gelagertes Beispiel erwähnt, bei dem es nicht mehr um historische Erkenntnis, sondern um Gefühlswirkungen von Geschichte

---

10 Ricoeur III, S. 229.
11 Ebd. S. 225.
12 Hans-Georg Gadamer: Wahrheit und Methode. 2. Aufl. (Mohr /Siebeck) Frankfurt a.M. 1965. S. 216.
13 Ricoeur III, S. 300.
14 Ebd.

auf die historische Gemeinschaft geht. Der Historiker selbst ist in seiner Rekonstruktionsarbeit bekanntlich gehalten, möglichst von eigenen Gefühlen abzusehen. Die Wirkung seiner Arbeit für die historische Gemeinschaft kann aber von besonderer Gefühlsintensität sein, sie vermag, auf das Identitätsbewußtsein von Gemeinschaften zu wirken und damit eine unentbehrliche politische Aufgabe zu erfüllen. Ricoeur richtet in diesem Zusammenhang sein Augenmerk besonders auf historische Ereignisse, die extrem stark auf Gemeinschaftsgefühle wirken. Dabei denkt er an Ereignisse, die äußerstes Entsetzen hervorrufen. Man geht nicht fehl, wenn man hier hinter seiner abstrakten Sprache den Verweis auf ethnische Ausrottungen, z.B. auf den Holocaust, erkennt. Der Grundcharakter der Wirkung äußersten Entsetzens liegt in ihrer radikalen Individuierungsfunktion. „Das Entsetzen vereinzelt, indem es unvergleichlich macht, unvergleichlich einmalig, einmalig, einmalig“[15]. Diese Wirkung kann nur durch Imaginationskraft erfolgen. Das Zählen der Leichen genügt nicht. „Die Fiktion gibt dem entsetzten Erzähler Augen – Augen zu sehen und zu weinen“[16]. Hier liegt für Ricoeur der Ort, wo die Imagination unentbehrlich ist und ihre identitätsstiftende Wirkung entfaltet.

Wenn wir uns dem Moment der Vergegenwärtigung des Vergangenen nicht von der Seite des schreibenden und „konstruierenden“ Historikers, sondern von der des Leser nähern, so stellt sich die Frage, wie die Brücke beschaffen ist, der sich der Leser anvertraut, um die Kluft zur Vergangenheit zu überschreiten. Kehren wir kurz zur Fiktionserzählung zurück, die der Gegenstand von Wolfgang Isers Untersuchungen zum Leseakt ist. Indem der Leser selbst mit Hilfe seiner Imaginationskraft mitwirkt, die Gestalt des Textes hervorzubringen, kann er den Eindruck haben, „während des Lesens ein anderes Leben gelebt zu haben“[17]. Auch dann, wenn wir uns intellektuell bewußt sind, daß das, woran wir beim Lesen teilhaben, eine Illusion ist, können wir uns doch nicht davor hüten, in diese Illusion einzutreten, es sei denn, wir klappen das Buch zu[18]. Iser bezeichnet den Aufbau einer Illusion und die gleichzeitige Störung dieser Illusion als „Befangenheit“, die eine Spannung erzeugt, weil sie den Leser in einem Schwebezustand zwischen völligem Eingefangensein und Distanzierung oszillieren läßt. „Daraus ergibt sich eine vom Leser selbst erweckte Dialektik von Illu-

---

[15] Ebd. S. 304.

[16] Ebd. S. 305.

[17] Wolfgang Iser (Anm.5 zu Kap. Einleitung). S. 208.

[18] So E. H. Gombrich, den Iser S. 208 zitiert.

sionsbildung und Illusionsdurchbrechung“[19], die nichts anderes ist als der intellektuelle Genuß des Lesers beim Lesen.

Gibt es solch eine Dialektik auch beim Lesen historischer Werke? Zu erwarten ist dies nicht, da der Gestaltbildungsprozeß in der fiktionalen Literatur geschlossener und offenkundiger ist als in der historischen. Der Roman ist eine Welt für sich, ein historisches Werk mit seiner strikten Realitätsbindung ist dagegen offen gegenüber dieser Realität und bleibt deshalb grundsätzlich korrekturfähig, was eine Fiktionserzählung nicht ist. Dennoch existiert eine Verwandtschaft. Die fiktive Erzählung, die etwas aus der Vergangenheit erzählt, „imitiert“, wie Ricoeur sich ausdrückt, in gewisser Weise die historische Erzählung[20]. Mit Imitation meint er hier keine inhaltliche Wirklichkeitskopie, sondern ein Grundmuster: die Fiktionserzählung erzählt etwas, „als ob“ es geschehen sei, während die Historie gerade ohne dieses „Als-ob“ auskommt: sie erzählt etwas, das so geschehen ist. Anders ausgedrückt: Der Leser eines fiktiven Werks tritt in einen Pakt mit dem Autor ein, dessen Inhalt ist, daß der Leser den irrealen Ereignissen im Leseakt Glauben schenkt. Das Glaubenschenken bedarf aber einer unbewußten Voraussetzung: Die irrealen Ereignisse, so Ricoeur, müssen vergangenen wirklichen Ereignissen „gleichen“. Der Leser begibt sich in eine „Quasi-Vergangenheit“. Ricoeur bestimmt diese Quasi-Vergangenheit aber nicht einfach als den defizienten Modus einer wirklichen Vergangenheit, sondern macht an ihm bestimmte fruchtbare Sehweisen fest: „Die Quasi-Vergangenheit der Fiktion wird ... zu einem Instrument, das es erlaubt, die in der wirklichen Vergangenheit unterdrückten Möglichkeiten aufzudecken. Das, was hätte geschehen können – das Wahrscheinliche des Aristoteles –, deckt sowohl die Potentialitäten der ‚wirklichen‘ Vergangenheit wie auch die ‚unwirklichen‘ Möglichkeiten der reinen Fiktion ab“[21].

Damit verurteilt Ricoeur weder die quasi-historischen Momente der Fiktion noch die quasi-fiktiven der Historie, er besteht vielmehr auf der Gleichwertigkeit beider Prozesse, denen er beide ein eigenes Recht bei den Bemühungen um die Vergegenwärtigung des Vergangenen zubilligt. Es sind Annäherungsweisen an das, was uns nicht mehr direkt zugänglich ist, Bemühungen, die Aporien der Zeit zu überwinden. Zeit ist nicht vorstellbar, und doch bildet die Aufspaltung der Zeit in Vergangenheit, Gegenwart und Zukunft das Grundgerüst unserer Orientierung in der Welt. Wer den Versuch macht, sie zu beschreiben, muß ständig auf Metaphern zurückgreifen,

---

19 Iser ebd.

20 Ricoeur III S. 308.

21 Ebd. S. 310.

selbst die Phänomenologie der Zeit kommt nicht ohne Umschreibungen aus. Die Zeitlichkeit, im direkten Zugriff nicht sagbar, bedarf der Vermittlung des indirekten Diskurses der Narration[22]. Ricoeur geht so weit, sich der Terminologie des späten Heidegger annähernd, die Erzählung als „ den Hüter der Zeit" anzusprechen, insofern es ohne die erzählte Zeit keine gedachte Zeit gebe[23]. Damit wird die Narration, die erzählte Zeit, zur wichtigsten – zur einzigen? – Brücke, die es vermag, uns in das schlechthin Unerreichbare, die vergangene Wirklichkeit, zu tragen.

Wenn die Narration es vermag, dem Vergangenen den Stachel der zeitlichen Distanz zu nehmen, muß ihr auch für das Fremdverstehen eine besondere Bedeutung zukommen.

Der Begriff „Fremdverstehen" enthüllt bereits durch seine Wortzusammensetzung – „Fremd" und „Verstehen" – seine Problematik: „Verstehen" beruht auf der Fähigkeit des Geistes, sich in fremdes Seelenleben hineinzuversetzen (Dilthey) und auf diese Weise den Brückenschlag vom Selbst zum Anderen zu bewerkstelligen. Das Fremde wird „angeglichen". Wir erkennen nur das, was uns gleicht, im Verstehen gleichen wir uns das Fremde an, nehmen ihm die Differenz und machen es zum Eigenen. So gesehen, verwehrt uns das Verstehen dauernd den Zugang zum Fremden, indem es das Fremde seiner Fremdheit entkleidet. Das Verstehen macht alles vertraut. Ist es aber möglich, daß das Fremde seine Distanz bewahrt und dennoch verstanden wird? Dann muß der Verstehensakt anders gefaßt werden. Legt man das Hauptgewicht nicht auf das Näherrücken, sondern auf die Entfernung, so tritt an die Stelle der Einfühlung die Problematisierung. Anders ausgedrückt: Die Operation des Sich-Hineinversetzens will das Unvertraute vertraut, die Operation der Problematisierung das (Schein-) Vertraute wieder unvertraut machen. Ricoeur favorisiert ein drittes Denkmodell, das tropologische, das von Hayden White in einem Kapitel der „Metahistory" in die Diskussion eingeführt wurde[24]. Ricoeur arbeitet daran den Gedanken der Analogie heraus. „Das Analoge ... ist genau das, was die Kraft des Nachvollzugs und der Distanznahme in sich vereinigt, sofern Sein-wie soviel

---

22 Ebd. S. 389.

23 Ebd.

24 Bei Hayden Whites Theorie der Tropen handelt es sich darum, die Sprache der Historiographie auf die vier Grundtropen Metapher, Metonyme, Synekdoche und Ironie zurückzuführen. White verwendet diesen ungewöhnlichen Zugang zur Analyse der Geschichtsschreibung, um so eine Möglichkeit zu finden, sowohl die vorstrukturierende Erfassung wie auch die bewußte Rezeption von Erfahrungsinhalten durch die Sprache sichtbar zu machen. „Bereits durch den Sprachgebrauch selbst ist unser Denken mit einer Reihe alternativer Erklärungsparadigmata versehen"(Metahistory S. 54).

heißt wie: Sein und doch wieder nicht zu sein"[25], was nach Ricoeur genau dem Charakter der Repräsentanz der Vergangenheit in der Gegenwart entspricht: sie ist und ist zugleich nicht.

Beim Lesen historiographischer Texte findet für den Leser – ähnlich wie bei fiktionalen Texten – eine temporäre Vertauschung der Gegenwartsebenen statt: Die reale Gegenwart tritt, wie Iser nachdrücklich gezeigt hat, beim Lesen in den Hintergrund zurück, ohne damit zu verschwinden; in den Vordergrund schiebt sich das Erzählte, das seine eigene Gegenwart bildet. Dabei treten die Gegenwartsorientierungen und -erfahrungen des Lesers, die er benötigt und zur Verfügung hält, um seine Alltagsgegenwart zu bestehen, in den Hintergrund. Sie werden für die Lese-Gegenwart suspendiert, weil dort – in dem anderen historischen Umfeld, in dem er sich dann befindet – andere Orientierungen und Erfahrungen gültig sind. Diese nimmt der Leser im Prozeß des Lesens auf und erweitert sie. Es handelt sich um einen Erfahrungserwerb, in dem der Leser Neues lernt. Diese Ausdehnung des Erfahrungsfeldes ist nicht einfach als Addition zu verstehen, sie hat vielmehr dieselben Merkmale wie der Lernprozeß: mit der Übernahme neuer Orientierungen, Ansichten oder Werte kommt nicht einfach Neues hinzu, vielmehr wird das Vorhandene auch umstrukturiert. Iser zitiert dazu einen treffende Satz von George Bernard Shaw: „You have learnt something. That always feels at first as if you had lost something"[26]. Eine solche Umschichtung kann sich auf vieles beziehen: Eigene Auffassungen können in Frage gestellt, aber auch durch Konfrontation mit anderen bestätigt werden, neue Normen und Werte, Vorbilder und Abschreckungsbilder können in den Horizont treten, bislang unbekannte Seiten menschlicher Existenz, auch ästhetische Erfahrungen, können die bisherigen Vorstellungen relativieren oder verstärken. Die Umschichtung bisheriger Orientierungen ist aber nicht das einzig Bemerkenswerte an diesem Prozeß, vielmehr macht Iser auch auf die Wirkung der Herausforderung der bisherigen Orientierungen aufmerksam: damit sei eine Art Revitalisierung des Alten verknüpft.

Im Lesen Fremderfahrungen machen, ist „kein passiver Vorgang des Hinnehmens, sondern eine produktive Antwort auf eine erfahrene Differenz"[27]. Diese Art der Erfahrungsausweitung bedeutet immer auch das Eintreten in einen Prozeß des Vertrautwerdens des bisher Unvertrauten und kann in der Rückwirkung zugleich auch zur Problematisierung des bisher

---

[25] Ricoeur III, S. 250.
[26] Iser, S. 215.
[27] Ebd. S. 218.

Vertrauten durch Konfrontation mit Neuem führen. Insofern ist auch im Akt des Lesens historischer Literatur die oben angesprochene Dialektik der Annäherung bei gleichzeitiger Distanzerfahrung enthalten.

Im Spektrum der (Lese-) Erfahrungen zwischen dem Vertrauten und dem Unvertrauten gibt es Grenzwerte: Der Leser kann sich in eine ihm fremde Welt eines Textes so intensiv hineinversetzen, daß die neue Erfahrungswelt die Alltagsgegenwart verdrängt. Dann befindet er sich in einer Illusion. Umgekehrt kann ein Leser dem Text den Zugang zu seinem Innern letztlich verwehren. Das Fremde wird dann nicht für das Verstehen geöffnet, es bleibt außerhalb. In beiden Fälle schlägt Fremdverstehen fehl, anstelle einer Dialektik von Vertraut und Unvertraut entsteht eine Polarisierung. „Die ‚richtige' Lektüre ist demnach die, die einen gewissen Grad von Illusion ... zuläßt und gleichzeitig anerkennt, daß ... die Vieldeutigkeit des Werks allen Versuchen des Lesers widerstrebt, mit dem Text und seinen Instruktionen völlig eins zu werden ... Die ‚richtige' Distanz zum Werk ist die, in der die Illusion abwechselnd unwiderstehlich und unhaltbar wird"[28]. Diese Folgerung zieht Ricoeur keineswegs speziell für die Fikion, sondern auch für die Historiographie. Damit erkennt er an, daß in Geschichtsdarstellungen ein bestimmtes Maß von Vieldeutigkeit in Rechnung gestellt werden muß, ja sogar wünschenswert ist, um jeder Illusionsbildung vorzubeugen. Auch ist die „richtige" Entfernung nicht etwas ein für allemal Festgelegtes, sondern ein Prozeß – ein Gedanke, der es verdient, daß man ihn auf seine didaktische Konsequenz prüft. (Vgl. Kap. 6: Imagination und Geschichtsdidaktik)

Was das jeweils Vertraute für den Leser ist, hängt von seinem Vorverständnis ab. Dieses bestimmt den Erwartungshorizont mit seiner subjektiven und intersubjektiven Seite. Die subjektive ergibt sich aus Faktoren wie Alter, Bildungsgrad, Vorkenntnissen, die intersubjektive erschließt sich aus dem allgemeinen gesellschaftlichen Vorverständnis einer Thematik zu einem gegebenen Zeitpunkt, man könnte hier das Wort Zeitgeist benutzen. Viele Werke der Literatur sind ohne den im Zeitgeist greifbaren Erwartungshorizont nicht zu verstehen. Sie brauchen das Vertraute, um sich davon abzuheben, und ziehen dann ihre Wirkung aus dem Sprung ins Überraschende. Der Don Quichotte setzt die Vertrautheit eines Lesepublikums mit dem Ritterroman voraus, um überhaupt seine schockierende Wirkung entfalten zu können, der Dadaismus reitet seine Attacken auf das Bürgerliche vor einem Hintergrund des selbstverständlichen Vertrautseins mit den bürgerlichen Normen. In der Geschichtsschreibung mögen die Beispiele nicht so farbig sein, aber auch hier kann man nicht selten beobachten, daß wichtige Werke einen allgemeinen Erwartungshorizont durchbrechen und gerade

---

[28] Ricoeur III. S. 275.

dadurch wirken, daß sie das der Leserschaft vertraute Bild verändern oder gar zerstören. Die Irritation ist kein Störfaktor der Geschichtsschreibung, sondern ein Mittel, illusionäres Vertrautsein zu verhindern.

2. Die Vordergrund- Hintergrund- Beziehung

Wenn von verborgenen imaginativen Leistungen bei der Erfassung des historischen Gegenstandes die Rede ist, darf die Vordergrund-Hintergrund-Relation nicht vergessen werden. Wolfgang Iser hat gezeigt, daß sie zu den elementaren Bedingungen für die Rezeption (auch) historischer Texte gehört[1].

Der Grundgedanke ist, daß jeder Text das Ergebnis einer Selektion ist und daß das Selektierte stumm auf das verweist, woraus es selektiert ist. Der Vordergrund ist der manifeste Text, der Hintergrund kommt nicht zur Sprache. Jeder Vordergrund verweist aber auf einen Hintergrund, aus dem das Selektierte stammt. Der Vordergrund ruft indirekt einen gar nicht in Erscheinung tretenden Hintergrund mit auf. Mit Hintergrund sind dabei weder Nebenhandlungen noch soziale oder lebensweltliche Randerscheinungen gemeint, sondern das, was im Text nicht vorkommt, das vielfältige Beziehungsgeflecht also, ohne welches ein Text nicht verstanden werden kann. Das gilt für alle Begriffe, Aussagen und Sachverhalte eines Textes. Solche Verweisungen sind in ihrer möglichen Vielfalt kaum zu klassifizieren, sie können logisch-begrifflicher Natur sein, können sich aus einem Sachzusammenhang ergeben oder assoziativ sein, sie können aus den Wissensvoraussetzungen bestehen, ohne den man den Text nicht verstehen kann oder können den allgemeinen Rahmen für das bilden, was als das Besondere im Text ausgesagt wird.

Zur Verdeutlichung einige beliebige Beispiele. Ist in einem Text von „Hauptmann Dreyfus“ oder von „Oberst Graf Stauffenberg“ die Rede, so rufen die Dienstrangbezeichnungen das Gesamtsystem militärischer Dienstränge auf, ohne das die Bezeichnung Hauptmann oder Oberst keinen Sinn ergäben. Man könnte in diesem Fall von einem sachlogischen Hintergrund sprechen. Ist in einem Text z.B. von „Hexenverbrennung“ die Rede, wird auf Glaubens-, Ketzer- und Strafvorstellungen der frühen Neuzeit verwiesen, auf einen Hintergrund, der sich in diesem Fall nicht logisch herstellt, sondern eher assoziativ aus dem Gedächtnis oder dem Vorwissen aufgerufen wird. Kommt in einem beliebigen Text das Wort Pergamon vor,

---

[1] Wolfgang Iser (Kap. Einleitung, Anm. 5) S. 155 – 161.

mögen als stummer Hintergrund die Diadochenreiche und dahinter wieder Alexander der Große oder auch vielleicht eine Landschaftsvorstellung im Bewußtsein auftauchen. „Wird durch Selektion ein bestimmtes Element in den Text eingekapselt, so ist damit zugleich ein Bezugsfeld angezeigt, dem das Element entstammt. Folglich bildet die Selektion immer ein Verhältnis von Vordergrund und Hintergrund, indem das gewählte Moment den Hintergrund aufscheinen läßt, in den es ursprünglich eingebettet war. Ohne eine solche Beziehung erschiene das gewählte Element als sinnlos ... Das in den Vordergrund gerückte Element gewinnt seine Kontur erst durch die Absetzung von einem Hintergrund, der sich als solcher überhaupt nur konstituiert, weil das herausgelöste Element ursprünglich dessen Bestandteil war"[2].

Das Verhältnis von Vordergrund und Hintergrund ist nicht das von Schauspiel und Kulisse und auch nicht, wie etwa in der Kunstgeschichte gebräuchlich, das von Bildvordergrund und Bildhintergrund. Der Hintergrund ist ja im Text nicht da. Er „scheint auf", es wird auf ihn „verwiesen", wie Isers Wortwahl lautet. Für das Sinnverstehen ist dieses Nicht-Vorhandene aber genau so wichtig wie das Manifeste. Jeder Text ergibt nur einen Sinn, weil es den (stummen) Hintergrund gibt.

Grundsätzlich kann jeder Hintergrund Vordergrund werden, und was in dem einem Text Vordergrund ist, kann für einen anderen Hintergrund sein. Hintergrund und Vordergrund sind grundsätzlich austauschbar, in praxi allerdings würde das zu einer unendlichen Arbeit führen, einfach deshalb, weil die Beziehungshintergründe geradezu unbegrenzt sind. Iser geht über diesen Gedanken hinaus, wenn er das Verhältnis von Vordergrund und Hintergrund als dialektisch beschreibt. „Das Aufrufen des bekannten Hintergrunds und die Veränderung seines Bekanntseins fallen zusammen. Bedenkt man, daß dieser Hintergrund nur virtuellen Charakter hat, da er sprachlich im Text nicht manifestiert ist, so wird dieser in der Selektion nicht nur parat gehalten, sondern auch noch in seinen Signifikanzpunkten umstrukturiert. Eine solche im Aufrufen des Bezugshintergrunds erfolgende Verwandlung muß wiederum auf die Einschätzung der selektierten Elemente zurückstrahlen, die jetzt nicht nur vor ihrem Bezugshintergrund situiert werden, sondern vor einem solchen, den sie selbst durch die von ihnen bereitgestellte Perspektive verändert haben. Die Beziehung von Vordergrund und Hintergrund wird dialektisch ..."[3]. Um den nicht leicht verständlichen Gedankengang Isers an einem Beispiel aus der Geschichte zu verdeutlichen: Nehmen wir an, wir haben einen architekturgeschichtlich

---

[2] Ebd. S. 157.
[3] Ebd. S. 159.

akzentuierten Text über Albert Speers Berlin-Planungen aus der NS-Zeit vor uns. Der Verweisungshintergrund ist vorwiegend politischer Natur und bezieht sich auf Hitlers Weltreichskonzeption, die hinter der Architektur sichtbar wird. Machte man nun diese Weltreichskonzeption zum Vordergrund, d.h. thematisierte man sie, so würde das, was bisher als Hintergrund „parat gehalten" wurde, in die volle Beleuchtung gerückt werden und sich als ein Sachverhalt von höchstem Gewicht herausstellen. Dies würde nun wieder auf den ursprünglichen Vordergrund, die architekturgeschichtliche Orientierung, ausstrahlen, z.B. in der Weise, daß sich die bloß architekturgeschichtliche Betrachtungsweise als untergeordnet oder als ungenügend herausstellen würde. Was ursprünglich Vordergrund war, würde durch Wiedereinlagerung in den Hintergrund, aus dem es entnommen war, in seiner Wertigkeit verändert, oder, um es mit Isers Worten auszudrücken: im Aufrufen des Bezugshintergrundes würde eine Verwandlung vollzogen werden, die sich auf die ursprünglich selektierten Elemente auswirkte und diese veränderte.

Da der Hintergrund im Text ja selbst unsichtbar bleibt und nur als Verweisung existiert, sind die Bezüge von Vordergrund und Hintergrund nicht ohne weiteres im Text ablesbar. Sie spielen sich im verarbeitenden Bewußtsein ab, freilich unterhalb der Schwelle des Bewußtwerdens. Wenn der Leser beim Lesen eines Textes zugleich den Hintergrund mit aufruft, so geschieht das nicht in der Deutlichkeit und dem langsamen Zeitmaß einer handhabbaren begrifflichen Operation, sondern blitzschnell, unscharf und flüchtig. Offenkundig ist es nicht so, daß dabei einfach nur positives Wissen, das man früher einmal gespeichert hat, memoriert würde. Zwar kann es sich um ein Aktivieren von Erinnerungsbeständen handeln, aber spontan und unsystematisch. Es tauchen etwa Namen, Bilder, Wörter, Ereignisse, Kenntnisse, Zusammenhänge, Assoziationen auf, ungeordnet, die sich zu einer gewissen Dichte verknüpfen und beim Weiterlesen rasch wieder verschwinden, um neuen Vorstellungen Platz zu machen. Sofern es sich dabei um das Abrufen von Gedächtnisbeständen, etwa von Wissensinhalten, handelt, kann man von einer kognitiven Komponente als Bestandteil solcher Operationen sprechen. Das Imaginative daran ist die blitzschnelle Bereitstellung von Vorstellungen nach der Art innerer Bilder, es betrifft den Akt der Vergegenwärtigung selbst. Die Vordergrund-Hintergrund-Relation hat den Charakter der passiven Synthesen.

Hayden White entwickelt eine Variante der Vordergrund-Hintergrund-Beziehung. In seinen Untersuchungen über den Unterschied von Geschichtsschreibung und Geschichtsphilosophie vertritt er die Auffassung, „Geschichtsschreibung und Geschichtsphilosophie seien allein aufgrund ihrer Blickführung, nicht ihrer jeweiligen Bedeutung unterscheidbar. In der

Geschichtsschreibung wird der Entwurf ins Innere der Erzählung verlagert, während den ‚vorgefundenen' Fakten der Platz im Vordergrund der Fabel selbst eingeräumt wird. In der spekulativen Geschichtsphilosophie verhält es sich umgekehrt. Hier wird das Element des begrifflichen Entwurfs in den Vordergrund gestellt, ausdrücklich zum Thema gemacht und systematisch begründet, wobei die Fakten vorwiegend der Veranschaulichung oder als beispielhaftes Zeugnis dienen. Daraus ziehe ich den Schluß, daß jede Geschichtsphilosophie die Bestandteile der Geschichtsschreibung mit umfaßt, so wie jede Geschichtsschreibung die Elemente einer voll entwickelten Geschichtsphilosophie enthält"[4]. Damit stellen sich für White Geschichtsphilosophie und Geschichtsschreibung, und d.h. begrifflich-abstrahierende Zusammenfassung und faktenbezogenen Narration, nicht als zwei ungleichwertige, deutlich voneinander getrennte Ansätze zur Erfassung der historischen Wirklichkeit dar, sondern als zwei verschiedene Deutungsformen derselben Sache, die aufeinander abbildbar sind. „1. Es gibt keine Geschichtsschreibung im eigentlichen Sinn, die nicht zugleich Geschichtsphilosophie ist. 2. Die möglichen Formen der Geschichtsschreibung decken sich mit den möglichen Formen spekulativer Geschichtsphilosophie ... 4. Es gibt keine apodiktisch gewissen theoretischen Gründe, um den Vorrang irgendeiner dieser Formen gegenüber den anderen als ‚realistischer' zu behaupten, folglich sind wir 5. bei jeder Reflexion auf Geschichte zu einer Wahl zwischen den vorausgesetzten Interpretationsstrategien gezwungen"[5].

Wenn jede Geschichtsschreibung auch eine Geschichtsphilosophie ist, die aber in die Erzählung hineinverlagert ist und dort in nichtbegrifflicher Form anwesend ist, und wenn umgekehrt jede Geschichtsphilosophie eine Geschichtsschreibung ist, die sich im begrifflichen Entwurf verbirgt – womit die Unterschiede zwischen Geschichtsphilosophie und Geschichtsschreibung zu einer Sache unterschiedlicher Blickführung werden –, dann liegt es nahe, die Vordergrund – Hintergrund – Beziehung darauf anzuwenden. In einer geschichtsphilosophischen Abhandlung wäre dann der begriffliche Vordergrund nicht denkbar ohne den stummen Verweisungshintergrund einer in narrativen Zusammenhängen vorausgesetzten Geschichte. Umgekehrt: Die Geschichtsschreibung enthält, wenn auch nicht ausdrücklich in Form eines begrifflichen Vordergrunds, die Interpretation und den zusammenfassenden Begriff, aber verlagert ins Innere der Narration und damit für den ersten Blick unsichtbar, aber eben als Verweisungshinter-

---

[4] Hayden White (Kap I., Anm. 3) S. 555.
[5] Ebd. 13.

grund vorhanden. Der historische Begriff verweist, wenn er als Vordergrund in Erscheinung tritt, auf konkrete Ereigniszusammenhänge im Hintergrund, und konkrete Ereigniszusammenhänge des Vordergrunds verweisen auf Begriffe als Hintergrund. Dieses Entsprechungsverhältnis setzt Gleichwertigkeit der beiden Seiten voraus: der Begriff ist nicht das höherrangige Element, sondern gleichrangig – freilich anders beleuchtet. Dieser Gedanke wirft ein neues Licht auf geläufige Vorstellungen von der Lernprogression im Geschichtsunterricht. (Vg. Kapitel 6 „Imagination und Geschichtsdidaktik“ und Kapitel 8 „Diesseits und jenseits des Lernbegriffs“).

Die Vordergrund – Hintergrund – Beziehung spielt über die Texterfassung hinaus eine kaum zu überschätzenden Rolle im historischen Denken und Verstehen. Wir treffen sie auf allen Ebenen des Umgangs und der Auseinandersetzung mit Geschichte an, nicht nur im wissenschaftlichen, sondern auch im alltäglichen Bereich. In historischen Texten spielt der Hintergrund eine ungleich gewichtigere Rolle als in literarischen. Ob man den „Zauberberg“ mit oder ohne seine Hintergrundbezüge – etwa autobiographische, zeitgeschichtliche, auf Krankheit oder Musik bezogene Hintergrundwelten – liest, verschlägt nicht sonderlich viel für den ästhetischen Reiz. Wenn man aber eine historische Quelle studiert oder eine historische Untersuchung liest, kann es leicht geschehen, daß man geradezu in eine Falle tappt, wenn man sich im Verweisungshintergrund nicht auskennt und der manifeste Text zudem eindeutig zu sein und zu Zweifeln keinen Anlaß zu geben scheint. LeGoff[6] macht anläßlich der Arbeit an seiner Biographie Ludwigs des Heiligen auf die Fallstricke aufmerksam, die in den zeitgenössischen Quellen oder genauer gesagt: in ihrer Vordergrund-Hintergrund-Beziehung liegen. Herrscherbiographien in Antike und Mittelalter sind keine Charakterisierungen individuellen Lebens, sondern sind nach stereotypen und normativen Modellen angelegt. Für Heiligenviten gilt dasselbe in noch stärkerem Maße. Ein Beispiel aus dem sog. Paderborner Epos des Jahres 799 über Karl den Großen:

„Treffliche Geistesgaben besitzt Karl,ist weise und maßvoll, ausgezeichnet an Bildung und hervorragendem Scharfsinn: auch diesen Ruhm hat Karl mit Recht erlangt auf Erden. Er ist das Licht, das den Völkern teuer, er die Weisheit, die den Ländern lieb ist ... Schon seine Abkunft verhieß es der Erde, daß er so herrlich werde an Geist, wie er hervorragt durch glänzende Taten auf Erden, machtvoll, klug, verständig, maßvoll und angesehen, ge-

---

6 Jacques LeGoff: Wie schreibt man eine Biographie? In: Braudel et al. (Hrsg.): Der Historiker als Menschenfresser. (Wagenbach WAT 187) Berlin 1990, S.106.

wandt und gelehrt, gütig, fähig und ehrbar, mild und vortrefflich, gerecht und fromm, ein herrlicher Held, ein König und Herrscher, ehrwürdiger Fürst, erhaben und mächtig, ein ausgezeichneter Schiedsrichter, als Richter ein Helfer der Armen, friedfertig und freigebig, tatkräftig, heiter und von edler Gestalt. Er ist ein hervorragender Lehrer der Grammatik; zu keiner Zeit gab es einen so vortrefflichen Leser; als Lehrer der Rhetorik zeichnet er sich aus ...“[7]

Nehmen wir jetzt einen Leser A, der einen derartigen Text nur als Vordergrundtext liest, also nur das zur Kenntnis nimmt, was manifest ausgesagt ist, und lassen wir den Text außerdem von einem Mediävisten B lesen, der die Herrscherpanegyrik in einen historischen Zusammenhang einordnen kann, so kommen beide Leser, obwohl sie es mit demselben Text zu tun haben, aufgrund ihrer unterschiedlichen Hintergrund-Kompetenz zu völlig unterschiedlichen Erkenntnissen. A nimmt etwa Aussagen, der König sei gewandt, klug, gelehrt, gar ein hervorragender Grammatiker und Rhetoriker gewesen, als individuelle Charakteristika. Seine Erkenntnisse sind historisch nicht viel wert, sie könnten sogar geradeswegs falsch sein, aber das kann man nicht mehr am Text selbst erkennen. B weiß, was als Hintergrund mit zu berücksichtigen ist, und liest den Text deshalb anders. Er hat aufgrund seines anderen Hintergrunds auch einen anderen Vordergrund vor sich, obwohl das geschriebene Wort ein und dasselbe ist.

Ein weiteres, ähnlich gelagertes Beispiel aus der sozialen Alltagsgeschichte des 19. Jahrhunderts. Ein Sohn schreibt an seinen Vater: „Bester Vater! Um zu Eurem Namenstage meine Glückwünsche vorzubringen, ergreife ich Papier und Feder. O, könnte ich, was meine Seele alles für Euch fühlt, in Worten ausdrücken! Es wäre kein Ende und der Raum wäre viel zu klein für all die Glückwünsche. Euer Glück ist mein Glück, seid Ihr unglücklich, bin ich es noch viel ärger. Ich wünsche Euch ein Glück, das den Erdball überdauert und ungetrübt von allem Irdischen in den seligen Augen des geahnten Himmels ausruht. Mein eifriges Bestreben wird es sein, die Zeit in der Schule tüchtig auszunützen, mich im Leben immer brav und ehrlich aufzuführen, auf daß so Eure, gewiß sauer verdienten Gulden, für mich nicht umsonst ausgegeben sind, und ich auf einen gewissen Grad von Vollkommenheit, nach welchem alle Menschen streben sollen, mich erschwinge. Ich schließe meinen Brief mit herzlichem Gruß von dem seinen Vater aufrichtig liebenden Sohn Eduard. – 1. Dez. 1893“[8].

---

7 Karolus Magnus et Leo papa. Hrsg. von Franz Brunhölzl. (Schöningh) Paderborn 1966, Zeile 53 – 70.

8 Aus den Familienpapieren der Südtiroler Familie Burgauner.

Leser A würde vermutlich folgern: Ein mustergültiger Sohn in einer heilen Familie. Leser B folgert: Der Text zeigt alle Merkmale von Konvention, so schrieb „man“ damals, und über das wahre Verhältnis von Sohn zu Vater oder über die Harmonie der Familie erlaubt der Brief keine sichere Aussage.

Man könnte derartige Beispiele leicht vervielfältigen. Eins wird aber an diesen beiden Beispielen schon deutlich: Richtige Aussagen über einen historischen Text kann man nicht schon allein aus dem Text selbst gewinnen, vielmehr ist dazu Kenntnis des Hintergrunds notwendig.

Gerade in der Historie haben wir es mit vielen Arten von Hintergrund-Beziehungen zu tun. Für die gesamte Breite historischen Verstehens hat der Hintergrund größtes Gewicht. Ein Großteil der historiographischen Produktion, insbesondere die laufenden Forschungsergebnisse, kann vom Leser ohne ein ausgeprägtes Hintergrundwissen nicht verstanden werden. Dabei muß man den Hintergrund nicht lediglich als bloß transparent durchscheinende Verweisung betrachten, sondern massiv als positive Kenntnis. In der laufenden Forschung stellt sich die Vordergrund-Hintergrund-Beziehung bevorzugt als Beziehung von Neuem zu Altem dar: es werden neue Ergebnisse vorgelegt, die ja nur dadurch neu sind, daß sie sich von den älteren abheben. Ein Leser, der den älteren Stand der Forschung nicht kennt, kann auch nicht das Neue an den Ergebnissen wahrnehmen. Der Hintergrund des Älteren ist selbst auch nicht stabil, sondern verweist auf ein weiteres Früher. Gewiß ist es üblich, daß bei der Publikation neuer Ergebnisse auf den älteren Forschungsstand verwiesen wird, aber es ist nicht möglich, das gesamte Früher eines einzigen historischen Themas überhaupt zum artikulierten Vordergrund zu machen. Notwendigerweise muß immer vieles im Hintergrund bleiben. Hat ein Leser aufgrund seiner Kenntnisse einen dichten Hintergrund parat, so kommt er bei seinen Bemühungen um einen bestimmten Vordergrund natürlich erheblich weiter, als wenn das nicht der Fall wäre.

Nicht die Kenntnisse allein sind für das Verstehen unabdingbar, vielmehr sind es auch die Begriffe, Kategorien, Perspektiven, das Methodenverständnis, die Assoziationen und Konnotationen, die emotionalen Vorlieben oder Sperren usw., also die gesamte Grammatik der anzulegenden Kriterien und die Vielfalt der individuellen Voraussetzungen. Je dichter das Hintergrundgewebe aus Kenntnissen und Kriterien ist, umso gründlicher ist das Verstehen, je dünner jenes ist, umso lückenhafter ist dieses.

Eine Sonderrolle für die Struktur historischer Hintergründe spielen – oder sollte man sagen: spielten? – die modernen Ideologien, die mit dem Anspruch auftreten, universale, d.h. auch historische, Erklärungsmuster zu sein. Sie stellen ein Hintergrund-Raster für Kenntnisse und Kriterien bereit, das relativ unabhängig vom individuellen Kenntnisstand und vom Einzelthema notfalls auch dann benutzt werden kann, wenn die jeweilige inhaltliche Füllung dürftig ist. Da der in der Theoriekonstruktion gelieferte Hintergrund allemal stimmt, erlaubt er auch, jedes Thema in ihn einzuordnen. Der Vordergrund ist dann nicht mehr so wichtig, der ideologische Umgang mit ihm beschränkt sich im wesentlichen darauf, ihn dem Hintergrund gefügig zu machen. Auf die Hohlheit des Verfahrens braucht hier nicht mehr eingegangen zu werden, aber unsere Überlegungen zum hervorragenden Gewicht des Hintergrunds gerade für historisches Verstehen werden selbst hier noch ex negativo bestätigt.

Nach dem Modell der Vordergrund – Hintergrund – Beziehung läßt sich auch das Verhältnis von Gegenwart zu Vergangenheit verstehen. Jede historische Gegenwart ruft ihre Vergangenheit als Hintergrund auf. Die Vergangenheit wäre dann das, was in der Gegenwart stumm anwesend ist. Der Akzent liegt bei diesem Gedanken nicht so sehr auf den kausalen Wirkungsketten, die Gegenwart und Vergangenheit verbinden, sondern auf der latenten, unausgesprochenen Anwesenheit der Vergangenheit in der Gegenwart.

Gar so stumm muß diese Anwesenheit indes nicht immer sein. Es gibt eine handfeste Variante der Vordergrund – Hintergrund – Relation, die in vielen politisch-historischen Diskussionen aufbricht und eine Quelle für konfliktreiche Auseinandersetzungen ist. Gemeint sind solche Konflikte, die entstehen, weil die Konfliktpartner unterschiedliche stumme Hintergründe mitbringen, in die etwa ein zur Entscheidung anstehendes Vordergrund-Problem eingelagert wird und eben durch die jeweilige Einlagerung verschiedene, ja gegensätzliche Bewertungen erfahren kann. Konflikte zwischen unterschiedlichen Altersgruppen sind oft vorprogrammiert, weil die Altersgruppen stark voneinander abweichende lebensgeschichtliche Hintergründe mitbringen, die, eben weil sie Hintergrund sind, nicht zur Sprache kommen. Darüber hinaus gibt es noch viele weitere Faktoren, die unterschiedliche Hintergründe hervorbringen: das Aufwachsen und Leben in verschiedenen politischen Systemen, Sozialmilieus oder Kulturen. Aber auch dann, wenn die Erfahrungshintergründe übereinstimmen, können starke Wertungsdivergenzen allein dadurch auftreten, daß die jeweiligen Hintergründe verschieden dicht gefüllt sind. Lebensgeschichtliche Erfahrungen bilden dichtere Hintergrundfüllungen als bloß angelesene Kenntnisse, können freilich schief und unkorrigierbar verfestigt sein. Das sind dann Quellen von Mißverständnissen, die nicht offen zu Tage liegen.

Für eine didaktische Nutzanwendung scheint mir die Hintergrund-Seite interessanter und neuer zu sein als die Vordergrund-Seite. Schließlich ist alles, was im Geschichtsunterricht an konkreter Arbeit betrieben wird, also Quelleninterpretationen, Textanalysen, Vergleiche, Zusammenfassungen usw., eo ipso eine Sache, die es mit manifesten Aussagen, mit Vordergrund also, zu tun hat. Wenn wir hier zu der Auffassung gekommen sind, daß der Hintergrund für historisches Verstehen genauso wichtig ist, ergeben sich daraus didaktische Fragen.

3. Vorstellungsbilder in der Geschichte

Wenn in der Geschichtsdidaktik von Bildern die Rede ist, so sind in aller Regel gegenständliche Abbildungen – Photos, Flugblätter, Karikaturen, Reproduktionen von Gemälden, Zeichnungen u.ä. – gemeint. Die Verwendung dieser Art von Bildern hat in den letzten Jahrzehnten sprunghaft zugenommen, jedes Lehrbuch kündet davon. Auch in der historischen Literatur gibt es heute hervorragend ausgestattete Bildbände zu beinahe jedem Thema, das man sich wünscht. Die Visualisierung über das Bild erleichtert offenkundig nicht nur den Zugang zur Geschichte, sondern bereitet außerdem noch ästhetisches Vergnügen.

Nicht auf diese Art Bild soll hier die Aufmerksamkeit gelenkt werden, sondern auf die inneren Vorstellungsbilder, die mit der Rezeption von Geschichte verbunden sind. Sie sind ein – freilich schwer greifbares – Grundelement für das Erfassen von Geschichte. Wenn ich ein historisches Buch lese, eine Vorlesung oder einen Vortrag höre, über Geschichte nachdenke, so entstehen Vorstellungsbilder in mir, unwillkürlich, flüchtig und vage, aber immer vorhanden und in Bewegung. Es sind luftige Gebilde, sie scheinen zu kommen und zu gehen, wie sie wollen, sie strömen dahin, und man kann sie nicht anhalten, wie das bei einem Film möglich ist, um ein einzelnes Bild genauer zu betrachten. Deshalb ist es auch nicht leicht, wenigstens ihre wichtigsten formalen Bestandteile festzustellen. Auch sind Vorstellungsbilder dieser Art keine rein optischen Phänomene, denn sie können Bedeutungen transportieren, die selbst nicht bildhaft sind. Es ist evident, daß Vorstellungsbilder einen andern Charakter haben als Abbildungen. Sie sind ungegenständlich, nicht technisch reproduzierbar, nicht einmal durch erinnernden Gedankenakt unverändert zu reproduzieren, sie bieten kein Anschauungs-„Material", obwohl gerade sie offenkundig ein tieferes Bedürfnis nach Anschauung befriedigen. Sie scheinen vor allem nicht für alle Betrachter gleich zu sein, sondern eine Schöpfung subjektiver Vorstellungskraft.

Die Kognitionspsychologie hat sich erst im Laufe des letzten Jahrzehnts experimentell in angemessener Differenziertheit mit dem Problem beschäftigt. Hier ist besonders zu erwähnen die Arbeit des Basler Psychologen Walter J. Perrig[1]. Für geschichtsdidaktische Zwecke bietet das Buch aller-

[1] Walter J. Perrig: Vorstellungen und Gedächtnis. (Springer) Berlin Heidelberg/New York 1988.

dings wenig, weil die Textbeispiele keinen Bezug zur Geschichte haben. Dennoch könnte das Buch aufgrund der Fülle seiner Experimente Anregungen dafür geben, welche empirischen Wege geeignet oder ungeeignet wären, an das Phänomen Vorstellungsbild auch unter geschichtsdidaktischer Absicht heranzukommen.

Als Gegenstand der Geschichtsdidaktik sind Vorstellungsbilder bisher fast völlig vernachlässigt worden. Wolfgang Hug hat einen Schritt zu ihrem Verständnis getan, indem er darauf hinweist, daß es die Sprache ist, durch die sie erzeugt werden[2]. Freilich verfolgt er den Unterschied zwischen Vorstellungsbild und gegenständlichem Bild nicht weiter, sondern verwischt ihn eher, indem er beide Bildformen unter dem Gesichtspunkt der Konkretisierung und Komplexitätsreduzierung des Unterrichts nahe aneinanderrückt. Einen ersten, freilich nur „halben" analytischen Hinweis geben Bergmann/ Schneider, wenn sie sagen, das gegenständliche Bild könne keine narrativen Aussagen treffen, „weil es keine zwei Ereignisse unterschiedlicher Zeitindices enthält"[3]. Die andere Hälfte der Aussage könnte dann lauten: Vorstellungsbilder erlauben es nicht nur, unterschiedliche Zeitmomente in Beziehung zu setzen, sondern bilden geradezu eine Grundlage für diese narrativen Operationen.

Man kann resumieren: Das geschichtsdidaktische Interesse am Vorstellungsbild hat sich, so weit überhaupt vorhanden, auf den Aspekt „Anschaulichkeit" beschränkt. Diese aber ist üblicherweise eine Sache des Anfangsunterrichts oder der Sekundarstufe I, wird erzeugt durch vereinfachendes Erzählen[4] – und gerät damit unversehens in den Sog kindertümlicher Zubereitungsformen des historischen Stoffes.

Damit kann man sich nicht zufrieden geben.

3.1. Die Evokation von Vorstellungsbildern

Das durch Lesen oder Hören erzeugte Vorstellungsbild – besser: der Strom von Bildern – ist weder ein reines Phantasieprodukt noch ist es Abbild der nackten Gegenständlichkeit eines empirischen Objekts. Als Beispiel für die Eigenart von Vorstellungsbildern, die durch einen Text hervorgerufen werden, soll hier die Schlacht bei den Thermopylen gewählt werden. Gerade

---

2 Wolfgang Hug: Geschichtsunterricht in der Praxis der Sekundarstufe I (Diesterweg) Frankfurt a.M. 1977 S. 43.

3 Klaus Bergmann / Gerd Schneider: Das Bild. In: H.J. Pandel / Gerd Schneider (Hrsg.): Medien im Geschichtsunterricht. (Schwann) Düsseldorf 1985. S. 409.

4 Wolfgang Hug (Anm. 2) S. 45.

dieses Ereignis ist ohne wenigstens rudimentäre Vorstellungen von der räumlichen Lage des Orts nicht zu verstehen. Bei allen Darstellungen der Schlacht, ob ausführlich oder knapp gehalten, muß deshalb die Lokalität beschrieben werden, nicht als Selbstzweck, sondern um die Bedeutung der Schlacht verständlich zu machen – Bedeutung verstanden einmal als reale Auswirkung, zum andern – was hier noch wichtiger ist – als symbolische Wirkung: die Selbstaufopferung der Spartiaten wird einsichtig erst aufgrund der konkreten Situation, in der sie sich befanden.

Beschreibungen von Lokalitäten können sehr genau sein – das Objekt hält gewissermaßen still. Herodots Darstellung ist an Ausführlichkeit kaum zu überbieten. Die im folgenden zitierten Partien sind trotz ihrer Ausführlichkeit nur eine Auswahl; es werden nur die Stellen aus Herodots Darstellung der Schlacht herausgegriffen, die einen Beitrag zur räumlichen Vorstellung leisten. Das ist in den topographischen Schilderungen der Fall, die Herodot der Schlacht vorausgehen läßt. An einer bestimmten Stelle kommt dann Bewegung ins Spiel, eine Handlung setzt ein, deren Zeuge wir als Leser sind. Daran läßt sich die Frage anschließen, ob die beiden Textsorten, die hier zusammentreffen, unterschiedlich auf die Evokation von Vorstellungsbildern wirken.

Es gibt noch einen weiteren Grund für die Auswahl gerade dieses Beispiels. Es enthält Vorstellungs-„Fallen“, will sagen: Bild-Suggestionen, die von bestimmten Wörtern ausgehen. Ich wollte anhand dieser Beispiele versuchen, eine erste Antwort auf die Frage nach dem Spielraum für subjektive Variationen von Vorstellungsbildern zu bekommen, mit denen der einzelne einen vorgegebenen Textrahmen ausfüllen kann.

Bei der Lektüre des folgenden Herodot-Textes sei der Leser gebeten, auf seine eigenen Vorstellungsbilder zu achten:

„(198) Aus Thessalien und Achaia zog er (Xerxes) weiter nach Malis, den Meerbusen entlang, der einen täglichen Wechsel von Ebbe und Flut hat. Um diesen Meerbusen zieht sich ebenes Land herum, das an der einen Seite sehr ausgedehnt, an der anderen Seite ganz schmal ist. Um die Ebene herum liegen hohe, unzugängliche Berge, die das malische Land rings umschließen. Sie heißen trachinische Felsen. Die erste Stadt am Meerbusen ist, wenn man von Achaia kommt, Antikyra. Dort mündet der Spercheios ins Meer, der aus dem Lande der Eniener kommt. Zwanzig Stadien weiter fließt ein anderer Fluß, namens Dryas, der ist, wie die Sage geht, ans Licht getreten, als Herakles in Flammen stand, um ihm zu helfen. Wiederum nach zwanzig Stadien folgt ein dritter Fluß, namens Melas.

(199) Von diesem Melas liegt die Stadt Trachis fünf Stadien entfernt. Bei Trachis ist die Entfernung zwischen Gebirge und Meer am größten: zwanzigtausendzweihundert Plethren ist dort die Ebene breit. In den die Umge-

bung von Trachis einschließenden Bergen befindet sich eine südlich von Trachis gelegene Schlucht, durch die der Asopos strömt, der an dem Fuß des Gebirges entlang fließt.

(200) Dann folgt noch ein nicht bedeutender Fluß, der Phoinix, südlich von Asopos, in den er vom Gebirge herkommend sich ergießt. Dort, bei dem Phoinix, ist die schmalste Stelle der Ebene. Nur für einen einzigen Wagen ist die Straße breit genug. Vom Phoinix aus sind es noch fünfzehn Stadien nach Thermopylai. Zwischen dem Phoinix und dem Thermopylenpaß liegt das Dorf Anthele, in dessen Nähe der Asopos ins Meer mündet. Es ist dort wieder breiter; ein Heiligtum der amphiktyonischen Demeter steht an dieser Stelle; es stehen auch Häuser der Amphiktyonen und ein Tempel des Amphiktyon dort.

(201) König Xerxes lagerte bei Trachis in Malis, die Hellenen in dem Engpaß, der von den meisten Hellenen Thermopylai genannt wird, bei der heimischen und umwohnenden Bevölkerung aber Pylai heißt. So lagerten sie einander gegenüber. In Xerxes Hand war alles nördlich bis nach Trachis gelegene Land, in der Hand der Hellenen das ganze Festland südlich von dem Paß.

(Abschnitte 202-207 weggelassen).

(208) Während dieser Beratung sandte Xerxes einen berittenen Kundschafter, um ihre Zahl und Absichten zu erspähen ... Als der Reiter an das Lager herankam, bekam er zwar nicht die ganze Schar zu Gesicht – die jenseits der erbauten und bewachten Mauer Stehenden konnte er nicht sehen –, aber er bemerkte doch die, welche diesseits der Mauer lagerten. Nun waren es gerade die Lakedaimonier, die als Wache vor der Mauer standen, und er sah, wie einige von ihnen miteinander rangen, andere ihr Haar kämmten. Er sah das voller Verwunderung und sah auch ihre geringe Zahl. Nachdem er alles genau betrachtet hatte, kehrte er um und ritt unbelästigt von dannen. Nun erzählte er Xerxes, was er alles gesehen hatte.

(209 bis 212 weggelassen).

(213) Da kam, als Xerxes nicht wußte, was er weiter tun sollte, ein Mann aus Malis zum König, Epialtes, der Sohn des Eurydemos. In der Hoffnung auf eine große Belohnung verriet er dem König den Fußpfad, der durch das Gebirge nach Thermopylai führt, und verriet die dort ausharrenden Hellenen ...

(214 bis 215 weggelassen).

(216) Dieser Pfad beginnt an dem die Schlucht durchfließenden Asopos. Die Berggegend und der Pfad haben dort denselben Namen: Anopaia. Der Anopaia führt auf den Gebirgskamm hinauf und endet bei der Stadt Alpenos, dem ersten lokrischen Ort, wenn man von Malis kommt. Dort endet er

bei dem sogenannten Melampygosfelsen und Kerkopensitz, wo die engste Stelle des Passes ist.

(217) Auf diesem Pfad gingen also die Perser, nachdem sie den Asopos durchschritten, die ganze Nacht hindurch fort. Zur Rechten hatten sie die Oitaberge, zur Linken die trachinischen. Als der Morgen graute, waren sie auf der Höhe angelangt. Dort hielten die tausend phokischen Hopliten das Gebirge besetzt, um ihr eigenes Land zu schützen und den Fußpfad zu bewachen. Den Paß unten im Tal hielten die oben aufgezählten Truppen besetzt, die Phoker aber hatten sich Leonidas gegenüber selber erboten, den Fußpfad in den Bergen zu bewachen.

(218) Die Phoker bemerkten erst spät, daß die Feinde auf der Höhe standen. Von dem Aufstieg hatten sie nichts wahrgenommen, da die Berge dicht mit Eichen bewachsen sind. Es war Windstille, und als plötzlich ein Rauschen entstand – die Blätter raschelten natürlich unter den Schritten der Schreitenden – sprangen die Phoker auf und legten die Rüstungen an. Da waren die Barbaren auch schon zur Stelle."[5]

Herodot zeichnet die Landschaft mit großer Genauigkeit im Hinblick auf die Zusammenhänge, die für das Verständnis der Schlacht wichtig sind. Deshalb legt er vor allem auf die Lage der Orte zueinander starkes Gewicht. Nun ist es aber gerade die Ausführlichkeit und Genauigkeit, die der bildhaften Vorstellung Hindernisse entgegenzustellen scheint. Der Leser, der die Landschaft nicht aus eigener Anschauung kennt, kann sie sich allenfalls recht ungefähr vorstellen. Das wird anders, wenn er eine gute Karte zur Hilfe nimmt, weil sich dann die vielen Orte oder andere topographische Einzelheiten zu einem Gesamtbild zusammenschließen.

Es ist offenbar *eine* Sache, eine Landschaft so zu beschreiben, daß eine möglichst große Genauigkeit erzielt wird, und eine *andere*, sie so darzustellen, daß sie sich der Leser gut vorstellen kann. Herodot hat sich um das erstere bemüht, darin ganz Historiker. Auf diese Weise hat er viel „totes Gewicht" mitgeschleppt: topographische Einzelheiten, die für die bildliche Vorstellung keine Rolle spielen – das Dorf Anthale, das Heiligtum der Demeter, die Flüsse Spercheios, Dryas, Melas, Phoinix z.B. – die aber in seiner Zeit dazu beigetragen haben, die Örtlichkeit genau zu fixieren. Ich bin vermutlich nicht der erste Griechenlandreisende, der beim realen Anblick der Thermopylenlandschaft ein Aha- Erlebnis hatte: „Aha, so sieht das also aus – ganz anders als mein Vorstellungsbild" (das von Herodot stammte) – und erst dann, nach dem realen Anblick, „stimmte" dann auch Herodots

[5] Herodot: Historien. (Zitiert nach der deutschen Gesamtausgabe bei Kröner) Stuttgart 1955, S. 511 – 517.

Schilderung: Vorstellungsbild und reale Anschauung fielen weitgehend zusammen. (Die Einschränkung „weitgehend" ist einfach deshalb nötig, weil sich die heutige Landschaft gegenüber der antiken stark verändert hat und man sich die weit entfernte Küste mit einer Art historischer Phantasie wieder an ihrem ursprünglichen Ort denken muß). Die Differenz von Vorstellungsbild und realer Örtlichkeit ist selbstverständlich kein Fehler von Herodot, sie ist ein allgemeines Charakteristikum von Vorstellungsbildern, die aus Texten evoziert sind – sie stimmen nie voll mit der Wirklichkeit überein, deshalb ist das genannte Aha-Erlebnis auch nichts Singuläres, sondern tritt immer dann auf, wenn man in die Lage kommt, seine Vorstellungsbilder zu korrigieren.

In der historischen Sekundärliteratur findet man kürzere Darstellungen der Schlacht. Sie sind aufschlußreich für die Frage, wie hier mit dem „toten Gewicht" umgegangen wird, d.h. welche anschaulichen topographischen Momente angesichts eines starken Reduzierungszwangs für unaufgebbar gehalten werden. Als Beispiele die kurze Darstellung der Schlacht bei Wilcken:

„Der Thermopylenpaß ist ein Seepaß, südlich der Spercheiosmündung, der dadurch gebildet wird, daß die Ausläufer des Öta, hier dicht an das Meer herantretend, nur eine ganz schmale Straße freilassen, die die einzige Militärstraße nach Mittelgriechenland darstellte. Hier sollte der Spartanerkönig Leonidas mit 4000 Peloponnesiern, darunter 300 Spartanern, und mittelgriechischen Kontingenten, im ganzen vielleicht 7000 Mann, versuchen, den Großkönig aufzuhalten ... Aber der Plan scheiterte ... aber als er (Xerxes) in der Nacht zum dritten Tage den von Ephialtes gezeigten Gebirgspaß, der in den Rücken der griechischen Stellungen führte, besetzte, da die dort aufgestellten Phoker ihre Pflicht nicht taten, war der Kampf entschieden ..."[6]. Episodisches wird ausgelassen, von der Topographie bleibt das Wichtigste erhalten, die Schlacht bleibt vorstellbar. Drei Momente kann sich der Leser trotz stärkster Reduktion immer noch vorstellen: den Paß, den Umgehungspfad, die Vernichtung der Spartiaten – und genau dies sind die für das Sinnverstehen der Schlacht und ihrer Bedeutung wichtigsten Aussagen. Auf sie kann kein Verzicht geleistet werden. Sie genügen für die Evokation von Vorstellungsbildern.

Es gibt Partien in Herodots Text, die man sich ausgesprochen leicht vorstellen kann: die sich schmückenden und übenden Spartiaten vor der Mauer, die Windstille und das plötzliche das Rascheln des Laubes beim Umgehungsmanöver der Heiligen Schar des Xerxes, die Überumpelung der

---

[6] Ulrich Wilcken: Griechische Geschichte im Rahmen der Altertumsgeschichte. (Oldenbourg) München 1951. S. 149.

Phoker. Das sind sinnlich- anschauliche Momente, in denen Bewegung und Spannung steckt, es handelt sich um übersichtliche Szenen mit begrenztem Bildausschnitt, die aus einer nahen Betrachterperspektive geschildert werden. An ihnen wird vor allem ein weiterer elementarer Unterschied zwischen Abbild und Vorstellungsbild deutlich: wir begeben uns in unserer Vorstellung in eine Handlung hinein. Diese hat für uns Existenz nur als vorgestellt, ihr Ort ist unsere Imagination, denn die Vergangenheit ist grundsätzlich abwesend. Von der Fiktion unterscheidet sich dieses Vorstellungsbild dadurch, daß wir wissen, daß dieses Vorstellungsbild sich auf eine vergangene Realität bezieht. Es ist dieses Wissen und nicht die innere Struktur der Vorstellung selbst, die den Bezug zur Geschichte schafft.

Diese Beobachtungen lassen dreierlei Dinge erkennen:

- Vorstellungsbilder sind keine Abbildungen, sondern kreative Hervorbringungen des Geistes unterhalb der Reflexionsschwelle. Man sieht etwas, ohne es „wirklich" zu sehen. Das Vorstellungsbild setzt „die faktische Abwesenheit dessen voraus, was in den Bildern zur Anschauung gelangt"[7].
- Nicht alle Sprachsignale innerhalb eines Textes haben dieselbe Fähigkeit, Vorstellungsbilder hervorzurufen. Ob sie entstehen oder nicht, hängt nicht von der Genauigkeit der Beschreibung ab.
- Vorstellungsbilder brauchen zu ihrer Entstehung Entfaltungsfreiheit. Der sprachliche Anstoß tut bessere Dienste für die Aktivierung der Imaginationskraft als die Vollständigkeit der Beschreibung, welche die Imagination erdrücken kann.

Inwieweit sind Vorstellungsbilder, die vom selben Text ausgelöst werden, bei unterschiedlichen Lesern individuell verschieden? Wie kann man das überhaupt feststellen?

Ich habe versucht, zu ersten Aussagen darüber zu kommen, indem ich mit Studenten eines historischen Seminars das Fixieren von Vorstellungsbildern, die beim Vorlesen von historischen Texten oder einzelnen Wörtern entstehen, regelrecht geübt habe. Als besonders schwierig erwies sich, Vorstellungsbilder und Begriffsbedeutungen auseinanderzuhalten. Oft rutschten die Studenten unversehens in eine Art Begriffsdefinition hinein, wo sie doch Vorstellungsbilder, die auch bei Begriffen auftauchen können, festhalten sollten.

---

[7] Wolfgang Iser (Kap. Einleitung. Anm. 5) S. 222.

Meine Frage lautete: „Haben Sie ein Bild vor Augen, wenn Sie den folgenden Text/Satz hören? Wenn ja, versuchen Sie, es in Worten und evt. mit einer Skizze wiederzugeben!“ Das Vorlesen erfolgte im normalen Lesetempo.

Es kam mir darauf an, erste Aufschlüsse darüber zu bekommen,

- wie weit die Übereinstimmungen und Ähnlichkeiten der verschiedenen Vorstellungsbilder gingen,
- ob bestimmte Sprachelemente eine besondere Reizwirkung auf die Erzeugung von Vorstellungsbildern hatten und ob sich ein Gefälle von Vorstellbarkeit feststellen ließe,
- welche Rolle subjektive Konnotationen spielten,
- ob sich Aussagen über die Formalstruktur von Vorstellungsbildern machen ließen,
- wie Widersprüche, scheinbare Widersprüche oder Unklarheiten in Texten vom Vorstellungsbild verarbeitet würden,
- ob und ggfs. wie die Bildproduktion des Medienzeitalters die Vorstellungsbildung des Individuums beeinflußt oder überlagert.

Zu den Ergebnissen: Die Übereinstimmungen und Ähnlichkeiten erwiesen sich als auffallend groß, die individuellen Unterschiede als gering. Bestätigt wurde meine Vermutung, daß bestimmte Wörter mehr als andere eine Reizwirkung für den Aufbau von inneren Bildern ausüben. Im Herodot – Text sind es vor allem Wörter wie „Paß“, „Schlucht“, „Fluß“, „Mauer“, „Stadt“, also topographische Bezeichnungen, und „Krieger“, „Späher“, „König“, also die vorkommenden Personen. Die individuellen Varianten beschränkten sich darauf, die topographischen Bezeichnungen nach Art von Versatzstücken verschieden zusammenzustellen: der eine sieht die Schlucht links, der andere rechts, der eine quer, der andere längs. Besonders auffallend: In keinem einzigen Fall kam das gebildete Vorstellungsbild, das oft in Form einer Skizze zusätzlich erläutert wurde, der Wirklichkeit des Thermopylenpasses nahe, und dies lag hauptsächlich daran, daß bestimmte Reizwörter so dominante Bildvorstellungen hervorriefen, daß andere Momente dahinter zurücktraten oder gar nicht mehr beachtet wurden. Keiner der Studenten war übrigens je am Thermopylenpaß gewesen. Die erwähnte „Vorstellungs-Falle“ liegt in dem Wort „Paß“ versteckt. Für uns Mitteleuropäer ist ein Paß zunächst einmal ein Gebirgspaß. Wenn man Herodot aufmerksam und genau liest, muß man diese Vorstellung aufgeben: Er macht durchaus klar, daß es sich um eine Enge in Meereshöhe zwischen Gebirgszug und Meer handelte. Welches Vorstellungsbild hatten die Studenten? Ohne Ausnahme alle sahen den Thermopylenpaß als Gebirgspaß, manche förmlich als Hochgebirgspaß mit Schnee und Felsen, einer schrieb: „Den Paß stelle ich mir wie einen Alpenpaß vor“, andere legten die Schlucht oben in den Gebirgspaß hinein. Da nun aber im Text das Wort

„Meer“ nicht zu überhören ist, wurde das Meer in den Vorstellungsbildern entweder einfach irgendwo an den Rand abgedrängt oder kam überhaupt nicht vor. Die Dominanz des falschen Bildes vom Paß sorgt für ihre eigene Bildlogik, indem sie scheinbar unpassende Bildvorstellungen einfach vernachlässigt. In einem Fall wurde die Schlucht nach Art der Samariaschlucht auf Kreta vorgestellt, wo der Betreffende auf einer Ferienreise gewesen war. Das ist ein deutlicher Hinweis darauf, daß Bildvorstellungen von individuellen Erlebnissen geprägt sein können, die die wirkliche Topographie verfehlen. Man darf offenbar davon ausgehen, daß die Individuen mehr oder weniger fertige Bildvorstellungen mitbringen, die eingesetzt und kombiniert werden, so daß wir nicht von Neuschöpfungen von Grund auf auszugehen brauchen. Dafür spricht auch, daß unauffällige, doch bildevozierende Wörter wie „Mauer“ eher typisch ohne besondere Merkmale vorgestellt werden, allenfalls in einigen Fällen zinnen- und türmebewehrt. In diese spontan abgerufenen Bildvorstellungen können unbewußte Interpretationen mit eingehen – die Mauer wird überwiegend als Quermauer mit einer Art Tor zur Sperrung des Passes vorgestellt, wovon im Text nicht die Rede ist. Die Vorstellungsbilder „entschieden“ diese Frage von sich aus im Sinne des Naheliegenden und Wahrscheinlichen. Man könnte sagen: Vorstellungsbilder werden auf ihre Weise mit Schwierigkeiten, Widersprüchen oder Unklarheiten des Textes fertig – sie machen sich nicht viel aus ihnen, sondern richten sich gewissermaßen nach ihrem eigenen Kopf. Da Vorstellungsbilder nicht rational abgerufen werden, können sie im Augenblick ihres Auftauchens Eigenleben entfalten und unbemerkt eine Interpretation geben. Obgleich dies gewiß nur in begrenztem Maße geschieht, da Bildeindrücke beim Lesen und Zuhören ja meist nur Sekunden währen und nicht sehr nachhaltig sind, kann hier jedoch eine Quelle für Mißverständnisse und Fehlinterpretationen liegen, auf die der einzelne nicht leicht aufmerksam wird. –

Bei den individuellen Vorprägungen, die in die Vorstellungsbilder einfließen, kann es sich auch um zufällige, willkürlich erscheinende Konnotationen handeln, die der eine hat, der andere nicht. Bei der Erwähnung des Wortes „olympisch“ hatte ein Student die Bildassoziation der Olympischen Spiele in Berlin 1936, er gab dafür die Erklärung, er habe sich in den Wochen zuvor ausgiebig damit beschäftigt. In anderen Fällen wurden Reiseeindrücke als Quelle für bestimmte Bildvorstellungen genannt. Auf idealtypische Ursprünge bei Ausdrücken wie „ Mauer“ oder auch „Stadt“, „Fluß“, „Gebirge“ wurde schon hingewiesen Ein vierter Typus von Vorprägungen stammt aus den Bildproduktionen unserer Medienwelt, die weiter unten erwähnt werden.

Wie jedes Bild – so wenigstens ist zu vermuten –, wird auch das Vorstellungsbild von einem bestimmten Betrachterstandpunkt, einem point of view des inneren Auges, her gesehen. Sind solche points of view zu fixieren und gibt es bestimmte formale Übereinstimmungen in den individuell verschiedenen Vorstellungsbildern? Im Thermopylenbeispiel waren die übereinstimmenden Aussagen auffallend. Zunächst wurde von allen die am Anfang stehende topographische Beschreibung des Geländes aus einer Vogelsperspektive – „Hubschrauberperspektive" nannte es ein Student – gesehen, dann rückte der point of view sehr viel näher an das Geschehen heran, und zwar an der Stelle im Text, als der Späher an die Mauer heranreitet, und schließlich liegt er ganz nahe beim oder mitten im Kampfgetümmel. Wie ist dieser übereinstimmende Wechsel zu erklären? Der point of view folgt auf das genaueste dem im Text selbst vorliegenden Sprachanweisungen. Auch der Autor des Textes „sieht" das, was er beschreibt, von einem bestimmten Ort aus (oder von einer Richtung her), die Sprache zeigt dies an, der Leser folgt den Sprachsignalen. Wenn Herodot schreibt: „Um diesen Meerbusen zieht sich ebenes Land herum, das an der einen Seite sehr ausgedehnt, an der anderen Seite ganz schmal ist. Um die Ebene herum liegen hohe, unzugängliche Berge, die das malische Land rings umschließen", so ist das von einem hoch über der Landschaft liegenden point of view aus gesehen, weil Meer, Bucht, Ebene und Berge mit einem Blick umfaßt sind. Schreibt er dagegen: Aber der persische Späher „bemerkte doch die, welche diesseits der Häuser lagen, und er sah, wie einige von ihnen rangen, andere ihre Haare kämmten", so ist das aus der Nahperspektive geschildert, die es erlaubt, Einzelheiten und kleine Szenen festzuhalten. Die Vorstellungsbilder des Lesers vollziehen solche Perspektivenwechsel präzise mit.

Im Anschluß an das Thermopylen-Beispiel habe ich noch andere Testaufgaben gestellt, um herauszufinden,

- ob es noch andere Typen von Vorprägungen gibt, die die indivuellen Vorstellungsbilder beeinflussen können,
- ob Wörter oder Namen, die inhaltlich leer von bildhaften Elementen zu sein scheinen, dennoch Bildvorstellungen evozieren können,
- ob historische Begriffe, in denen das Bildhafte stark abgeschliffen und kaum noch bewußt ist, noch Vorstellungsbilder hervorrufen können,
- ob es neben den naturalen Perspektiven (Vogelperspektive, Nahperspektive von außen, Nahperspektive aus dem Innern des Geschehens) auch künstliche Perspektiven gibt, die uns in unserer Vorstellungsbildung zur Verfügung stehen.

Was die Vorprägungen angeht, darf die Wirkung des Fernsehens nicht außer acht gelassen werden. Ich las eine kurze, nicht sonderlich anschauliche, zusammenfassende Passage aus einem Lehrbuch über die Eroberung des nordamerikanischen Raums durch weiße Siedler vor mit der Bitte, die Vorstellungsbilder zu notieren, die dabei durchs Bewußtsein gingen. Dieses Thema war deshalb gewählt, weil es kaum eine andere historische Epoche gibt, die derart dicht mit Spielfilmen bepflastert ist wie diese und weil gerade der Western mit seiner festliegenden Struktur und den ritualisierten Handlungsabläufen und Versatzstücken eine Kunstfigur eigener Art darstellt, weit von der Wirklichkeit entfernt, so daß die Herkunft von bestimmten Vorstellungsbildern leicht zu klären ist. Von 19 Studenten benannten 18 solche Bilder, die voll in das Muster des Western paßten: Planwagen, Trecks, Überfälle, Wagenburgen, gehängte Pferdediebe, Bisonherden, Eisenbahnbau. In einem Fall paßten die Bildvorstellungen überhaupt nicht in diesen Rahmen: es wurden recht genaue Landschaftseindrücke zu Papier gebracht. Auf Nachfragen erwies sich, daß der betreffende Student längere Zeit im mittleren Westen verlebt und offensichtlich seine eigene Bildwelt mitgebracht hatte. Das mag übrigens auch ein Hinweis darauf sein, daß eigenes Erleben die vom Fernsehen gelieferten Bilder leicht verdrängen kann.

Werden bildliche Vorstellungen auch in solchen Fällen evoziert, wenn der Gegenstand oder die Person, um die es sich handelt, ganz unbekannt sind? Wie stellt man sich zum Beispiel historische Persönlichkeiten vor, die man unmöglich kennen kann? Ich ließ die Vorstellungsbilder von Buddha und Mohammed beschreiben. Es war zu erwarten, daß Buddha nach Art der Buddhastatuen gesehen wurde, die allgemein bekannt sind. Diese Erwartung traf auch ohne Ausnahme zu. Aber wie würde man sich Mohammed vorstellen, von dem uns aus der Kunstgeschichte kein festes, allgemein bekanntes Bild überliefert ist? Hier griffen die Vorstellungsbilder auf gebräuchliche oder naheliegende Vorstellungen von Arabern zurück: „schwarze Haare, Oberlippenbart, weiße Tuchhose, Säbel im Gürtel, steht in einer öden Landschaft". Man darf daraus vielleicht schließen, daß uns offenbar ein Vorrat von Bildern, der uns irgendwann im Laufe unserer Lebensgeschichte einmal zugewachsen ist und der durchaus klischeehaft sein kann, auf Abruf zur Verfügung steht und immer dann aktiviert wird, wenn das Bedürfnis nach Anschauung anders nicht befriedigt werden kann.

In vielen historischen Begriffen sind noch Reste von Bildern enthalten, die uns zwar beim flüchtigen Gebrauch nicht mehr als solche bewußt werden, aber bereits bei einer leichten Konzentration oder bei geringem Verweilen aufscheinen. Beim Anhören eines kurzen wirtschaftsgeschichtlichen Textes löste der Begriff „Gewürzhandel" bei den Studenten folgende Bildvorstellungen aus: „beladene Karren, die sich holpernd vorwärts bewegen, „Schiffe mit Gewürzsäcken", „Marktstände und Markttreiben". Selbst bei einem so eingeschliffenen Wortbestandteil wie „Handel" liegt das Vorstellungsbildes eines „Marktes“ noch dicht unter der Oberfläche. Auch bei dem Begriff „doppelte Buchführung“ sind noch vage Vorstellungsbilder greifbar: „Männer mit offenen Büchern, in denen links und rechts etwas eingetragen wird“ – diese Bilder kamen auch bei solchen Studenten zustande, die nicht wußten, was doppelte Buchführung ist. Bilder stellen sich auch dann ein, wenn eine Sache nicht klar ist, sie füllen eine Leerstelle des Verstehens wenigstens provisorisch aus. Auf diese Weise können sie natürlich leicht zur Quelle von Irrtümern werden. Das ist didaktisch nicht unwichtig, und zwar gerade wegen der Verborgenheit der Fehlerquelle.

Beim Thermopylenbeispiel haben die vom Rezipienten eingenommenen Betrachter- Standpunkte noch einen naturalen Bezug: es sind dies die Vogelperspektive, die Perspektive des nahen Beobachters und die des mitten im Ereignis stehenden. Was aber, wenn in einem Text riesige Räume überblickt werden, die von keinem natürlichen point of view mehr zu betrachten sind? Ich las kurze Lehrbuchtexte über die Eroberung des asiatischen Raumes durch den russischen Imperialismus sowie Texte, in denen historische Aussagen über ganze Kontinente gemacht wurden. Es zeigte sich, daß auch dabei Vorstellungsbilder auftauchen, und zwar nach Art von Landkarte oder Globus (nicht etwa nach Art eines Beobachters aus einer Raumkapsel, was ja auch denkbar gewesen wäre angesichts der vielen Bilder in den Medien aus Satellitenperspektive). Das Vorstellungsbild macht offenbar keinen Unterschied zwischen einer natürlichen und einer künstlichen Perspektive, es scheint zur Hilfe zu nehmen, was sich zur Anschauung am besten anbietet, was bekannt ist, was „zur Verfügung“ steht.

Im Folgenden soll der Unterschied zwischen optischer Abbildung (Photo, Film) und Vorstellungsbild von einem andern Ausgangspunkt her vertieft werden. Gleichzeitig soll die oben angesprochene Frage des Bedeutungsgehaltes von Vorstellungsbildern noch einmal aufgenommen werden. Wir benötigen dazu ein Beispiel, bei dem wir die Eigenart der Bildevokation eines Textes und zugehörige reale, „optische“ Bilder nebeneinanderstellen können. Dazu eignen sich Verfilmungen von Romanen besonders gut, vor allem, wenn man solche Stellen herausgreift, in denen sich der Film um präzise Wiedergabe des Textes bemüht. Als Beispiel gelte der Anfang von Umberto Ecos Roman „Der Name der Rose“. Dieser Roman wurde verfilmt, und gerade der Anfang des Films bemüht sich um genaueste Visualisierung des Textes. Aus diesem Grund ist er gut geeignet, die Besonderheiten des Vorstellungsbildes gegenüber dem gegenständlichen Bild sichtbar zu machen. Die Tatsache, daß es sich um einen historischen Roman und nicht um einen historischen Quellen- oder Sekundärtext im strengen Sinn handelt, muß in diesem Fall kein Einwand sein, weil es für die Bildevokation unseres (Unter-)Bewußtseins keinen Unterschied macht, ob sich um die eine oder die andere Art von Text handelt.

„Es war ein klarer, spätherbstlicher Morgen gegen Ende November. In der Nacht hatte es ein wenig geschneit, und so bedeckte ein frischer weißer Schleier, kaum mehr als zwei Finger hoch, den Boden. Noch bei Dunkelheit, gleich nach laudes, hatten wir talabwärts in einem Dorf die Messe gehört. Dann waren wir aufgebrochen, um beim ersten Tageslicht in die Berge zu gehen.

Als wir den steilen Pfad erklommen, der sich die Hänge hinaufwand, sah ich zum erstenmal die Abtei. Nicht ihre Mauern überraschten mich, sie glichen anderen, die ich allerorten in der christlichen Welt gesehen, sondern die Massigkeit dessen, was sich später als das Aedificium herausstellen sollte. Es war ein achteckiger Bau, der aus der Ferne zunächst wie ein Viereck aussah (die höchstvollendete Form, Ausdruck der Beständigkeit und Uneinnehmbarkeit der Stadt Gottes). Seine Südflanke ragte hoch über das Plateau der Abtei, während die Nordmauern unmittelbar aus dem Berghang zu wachsen schienen gleich schräg im Fels verwurzelten Bäumen. Von unten gesehen schien es geradezu, als verlängerte sich der Felsen zum Himmel, um in einer gewissen Höhe, ohne sichtbaren Wandel in Färbung und Stoff, zum mächtigen Turm zu werden – ein Werk von Riesenhand, geschaffen in größter Vertrautheit mit Himmel und Erde. Drei Fensterreihen skandierten den Tripelrhythmus des Aufbaus, dergestalt daß, was physisch als Quadrat auf der Erde stand, sich spirituell als Dreieck zum Himmel erhob. Beim Näherkommen sahen wir dann, daß aus der quadratischen Grundform an jeder ihrer vier Ecken ein siebeneckiger Turm hervorsprang, der jeweils fünf Seiten nach außen kehrte, so daß mithin vier der acht Seiten des größeren Achtecks in vier kleinere Siebenecke mündeten, die sich nach außen als Fünfecke darstellten. Niemandem wird die herrliche Eintracht so vieler heiliger Zahlen entgehen, deren jede einen erhabenen geistigen Sinn offenbart: acht die Zahl der Vollendung jedes Vierecks, vier die der Evangelien, fünf die der Weltzonen, sieben die der Gaben des Heiligen Geistes. Nach Umfang und Form erschien mir der Bau nicht unähnlich jenen gewaltigen Burgen, die ich später im Süden der italienischen Halbinsel sah, Castel Ursino und Castel del Monte, aber dank seiner uneinnehmbaren Lage wirkte er düsterer noch als jene und war sehr wohl dazu angetan, den Wanderer, der sich ihm nahte, erschauern zu lassen. Dabei konnte ich noch von Glück sagen, daß ich ihn erstmals an einem klaren Herbstmorgen erblickte und nicht etwa an einem stürmischen Wintertag.

Jedenfalls flößte mir die Abtei alles andere als Gefühle der Heiterkeit ein, ich empfand bei ihrem Anblick eher ein Schaudern und eine seltsame Unruhe. Und das waren, weiß Gott, keine Phantasiegespinste meiner furchtsamen Seele, es war vielmehr die korrekte Deutung unzweifelhafter Vorzeichen, dem Fels eingeschrieben seit jenem Tage, da einst die Riesen die Hand an ihn legten, bevor noch die Mönche in ihrem vergeblichen Streben sich erkühnten, ihn zum Hüter des göttlichen Wortes zu weihen."[8]

Beim Lesen zieht eine Folge von Bildern am inneren Auge des Lesers vorüber: der frühe Novembermorgen in gebirgiger Gegend, die Mauern und Türme der Abtei, die Düsterkeit der Stimmung. Der Text liefert nur wenige skizzenhafte Striche und Farben, was die Vorstellungsfähigkeit des Lesers nicht im geringsten behindert. Längst nicht alle Aussagen haben den Charakter von Bildern oder eignen sich als Impuls für bildliche Vorstellung. Auch wenn man den Text noch weitgehender visualisieren wollte, als es den Absichten der Verfilmung entspräche, könnten ganze Bereiche des Textes gar nicht erfaßt werden. Die Unmöglichkeit der Visualisierung des Gemeinten beginnt bereits an solchen Stellen, die, vom kameratechnischen Gesichtspunkt betrachtet, durchaus visualisierbar wären. Da ist der achteckige Turm, der von weitem viereckig aussieht, da sind die siebeneckigen Türme an den Ecken mit den je fünf nach außen gekehrten Seiten, die den Eindruck hinterlassen, daß „vier der acht Seiten des größeren Achtecks in vier kleinere Siebenecke mündeten, die sich nach außen als Fünfecke darstellten". Man müßte sich schon selbst eine kleine Zeichnung machen, wenn man bildlich vor Augen haben wollte, was hier geschrieben steht. Überfordert der Schriftsteller das bildliche Vorstellungsvermögen des Lesers – oder geht es nicht vielmehr um etwas ganz anderes? – Der Film, der diese Szene wiedergeben soll, – so könnte man zunächst meinen – hat es da besser, weil es ihm nicht an den technischen Möglichkeiten mangelt, dieses schwer Vorstellbare im Bild wiederzugeben. Der Film verzichtet auf diese Möglichkeit und geht damit einem unlösbaren Dilemma aus dem Wege. Wären die entsprechenden vier-, fünf- und achteckigen Kulissen gebaut worden und auf der Leinwand vor dem Auge des Zuschauers erschienen, wäre höchstens ein – unbedeutendes – technisches Problem gelöst, aber das, worauf es ankommt, wäre nicht einmal berührt worden. Das Zahlenspiel der Architektur hat seinen Sinn nicht auf der Realitätsebene, die im optischen Abbild widergespiegelt werden kann, sondern auf der Ebene der Bedeutungen, der theologischen Zahlenmystik, die als wichtiger Bestandteil des mittelalterlichen Denkens im weiteren Verlauf des Romans ein solches Gewicht bekommt, daß man sie geradezu als eine Art Handlungsträger bezeichnen könnte. Diese Bedeutungsebene aber ist nicht – oder nur mit allergrößten Schwierigkeiten und Umwegen – durch das gegenständliche

---

[8] Umberto Eco: Der Name der Rose. (Hanser) München/Wien 1982. Beginn des 1. Kapitels „Der erste Tag".

Bild visualisierbar. Wie will die Kamera wiedergeben, daß es sich bei den architektonischen Zahlenspielen um theologische Probleme handelt? Das ist nur möglich, indem das Wort zur Hilfe genommen wird. Natürlich hat auch jeder Regisseur die Möglichkeit, das nicht Visualisierbare durch den Dialog zu vermitteln. Dies soll hier jedoch außer acht bleiben, weil der Dialog Wort und nicht Bild ist und es uns gerade um die Gegenüberstellung der Leistungen beider Medien geht. „Niemandem wird die herrliche Eintracht so vieler heiliger Zahlen entgehen, deren jede einen erhabenen geistigen Sinn offenbart: acht die Zahl der Vollendung jedes Vierecks, vier die der Evangelien, fünf die der Weltzonen, sieben die der Gaben des Heiligen Geistes“: Das, worauf es ankommt, ist die theologisch- mystische Bedeutung von Zahlen, und die kann nicht von der Kamera ohne Zuhilfenahme des Wortes eingefangen werden. Noch deutlicher wird das an den letzten beiden Sätzen des Textes. Dem Film gelingt eine Teilleistung: er vermag zwar, mit bestimmten indirekten Techniken das Gefühl von Schaudern und Furcht, von dem hier die Rede ist, andeutungsweise zu vermitteln, und die Mittel dazu sind ein düsteres Bild, eine beklemmende Landschaft, bleiche und angestrengte Gesichter, doch ist er mit visuellen Mitteln außerstande, die Schlußsequenz umzusetzen, in der von den Vorzeichen und den Riesen der Vorzeit die Rede ist, ganz zu schweigen von solchen Feinheiten des Textes, die ausdrücken, daß es sich hier nicht um Phantasiegespinste, sondern um die korrekte Deutung unzweifelhafter Vorzeichen handelt. Auch das eigentümliche Irisieren und Verschwimmen der Zeitebenen in den Empfindungen des Protagonisten mit dem Rückgriff auf Castel Ursino und Castel del Monte kann nur vom Medium Wort geleistet werden. Die Imagination des Lesers hat dagegen mit solchen nicht visualisierbaren Passagen überhaupt keine Schwierigkeiten. Das Wort ist als Träger von Gedanken und Empfindungen, von Konnotationen und Anspielungen unvergleichlich reicher und leistungsfähiger als das optische Abbild.

Am Beispiel des Filmes läßt sich auch ein weiteres Phänomen verdeutlichen, das für die unterschiedliche Leistung von sprachgeneriertem Vorstellungsbild und optischem Bild grundlegend ist. Der Leser liest einen Text in einem bestimmten Lesetempo. Wenn man nicht gerade überhastet und überanstrengt liest, läßt ein ruhiges Lesetempo der Imaginationskraft des Lesers genügend Zeit, um Vorstellungsbild nach Vorstellungsbild zu schaffen. Ein optisches Abbild, etwa ein Photo, erfassen wir blitzartig in seiner Gesamtheit, ohne daß es dabei zu einer notwendigen Sukzession nach Art des Lesens kommt. Dies bedeutet auch, daß die Linearität der Sprache aufgrund ihrer zeitlichen Ausdehnung die Formation von Argumenten und Vorstellungen erlaubt, während das Bild nicht argumentiert und neben sich keine weiteren Vorstellungsbilder mehr duldet, sondern ikonographisch auf uns wirkt, und zwar so, daß die visuellen Signale alle zur gleichen Zeit von unsern Sinnesorganen empfangen werden. Der Text besitzt grundsätzlich ein strukturelles, d. h. inhaltsunabhängiges Prä für die Entwicklung von Argumenten gegenüber dem Bild, einfach deshalb, weil die Rezeption eines Textes durch Lesen oder Hören im zeitlichen Nacheinander erfolgt. Umgekehrt geht vom Bild eine stärkere suggestive Wirkung aus: das auf ihm Wiedergegebene wird leicht für die Wirklichkeit selbst gehalten. Ob man das eher als Vorteil oder als Nachteil für die Rezeption bewerten will, bleibe dahingestellt, aber keinesfalls darf man die Gefahr übersehen, die gerade für die Beschäftigung mit Geschichte von allen Formen der Suggestion ausgeht.

Bei der Betrachtung eines Films muß ein Vorstellungsbild vom Zuschauer gar nicht mehr eigens geschaffen werden. Das Bild wird ihm bereits fertig bis in die letzte Einzelheit geliefert. Er hat damit zu tun, dem Bildwechsel, d.h. den Veränderungen des Dargestellten, zu folgen, und ist in der Regel innerlich damit ausgefüllt. Eine eigene Imaginationsfähigkeit wird nicht gebraucht, sie ist durch die ununterbrochene Lieferung fertiger Bilder entlastet, ja meistens sogar außer Kraft gesetzt, weil man zu den Bildern nichts mehr hinzutun kann. Sie haben in der Regel nicht das, was Roman Ingarden die „Leerstelle“ genannt hat: sie lassen keinen Raum für die Imagination, etwas hinzuzutun. Was dabei vom Zuschauer durchaus als angenehm empfunden wird, ist die Tatsache, daß man sich weniger anstrengen muß; aus diesem Grund ist z.B. das Fernsehen als entspannende Abendunterhaltung verbreiteter als das Lesen von Büchern: diese appellieren ununterbrochen an die Imagination, auch wenn die imaginativen Akte unterhalb der Bewußtseinschwelle ablaufen. Umgekehrt kann es freilich auch sein, daß Filme auf die Dauer als unbefriedigend empfunden werden, weil – oder vielleicht besser: wenn – sie wenig von der Mitwirkung des Zuschauers verlangen. Der leidenschaftliche Leser jedenfalls will nicht auf die schöpferische Herausforderung seiner Imaginationsfähigkeit verzichten, weshalb er in der Regel das Buch bei weitem vorzieht.

Das optische Bild, auch das des Films, ist „geschlossen“, während die imaginativen Vorstellungsbilder grundsätzlich offen sind. Ein Gegenstand, eine Landschaft, eine Person, einmal im (Film-)Bild festgehalten, liegt ein für allemal fest. So ist etwa die Person des Wilhelm von Canterbury in seiner optisch erfaßbaren Gestalt von seinem ersten Auftreten an bis zur letzten Falte im Gesicht einfach durch das Erscheinungsbild des Schauspielers festgelegt. Das Vorstellungsbild des Lesers dagegen bleibt „latent – plastisch“, es kommt nie zu einer endgültig durchgezeichneten Gestalt. Die Personen sind wie die anderen Elemente auch zu guten Teilen – nicht ganz und gar! – des Lesers imaginative Leistung. Von daher rührt die Enttäuschung des Kinogängers, der eine Figur aus Geschichte oder Literatur bisher als innere Vorstellung mit sich herumgetragen hat und sie jetzt, unkorrigierbar fixiert, so und nicht anders vorfindet – und das als Verarmung empfindet.

Bildmedien liefern uns ihre Bilder als fertige Produkte. Der Leser oder Zuhörer von Texten dagegen produziert seine Vorstellungsbilder ununterbrochen selbst, zwar nicht autonom in freier Imaginationstätigkeit, sondern vorgeprägt durch den Text. Es handelt sich um eine gebundene Aktivität. Mit „aktiv" ist hier gemeint: die Bilder entstehen im Bewußtsein des Lesers oder Hörers und haben dort ihre Wirklichkeit. Nicht gemeint ist, daß es sich um ein bewußtes, absichtsvolles Tun handelt. Deshalb ist es kein Widerspruch, wenn Iser für diese Art geistiger Tätigkeit den Begriff der „passiven Synthese" verwendet.

3.2. Leistungen und Grenzen des Vorstellungsbildes in der Historie

Unser Beispiel aus Ecos Roman legt den Einwand nahe, es handele sich um einen fiktiven, nicht um einen historischen Text.

Der Unterschied zwischen Fiktion und Historiographie macht die bisherigen Überlegungen aber nicht einfach hinfällig. Hans Robert Jauss hat die Analogien von Geschichte und Kunst zusammengefaßt:

- „Das geschichtliche Ereignis hat wie das Kunstwerk keinen unveränderlich objektiven, ein für allemal verlautbaren Sinn, sondern einen Horizont möglicher Bedeutung; sein Bedeutungspotential kann durch die Auffassung späterer Betrachter oder Handelnder verschieden konkretisiert werden.

  Wie das geschichtliche Ereignis nach Droysen in einer Kontinuität steht, in der jedes Frühere sich erweitert und ergänzt wird durch das Spätere, so auch das Werk der künstlerischen Produktion, die mit jeder Veränderung der Tradition ein Neues und Mehr schafft ..."[9].

  Dem politischen wie dem literarischen Ereignis gemeinsam ist nach Jauss vor allem die „bedeutungsoffene Struktur" und die „Mitwirkung" des späteren Beobachters an der Bedeutungskonstituierung der historischen wie auch des literarischen Ereignisses.

  Sowohl literarische wie historische Texte rufen im Leser Vorstellungsbilder hervor, und auch das unbewußte Funktionieren der passiven Synthesen ist bei dem einen wie bei dem anderen Texttypus analog, aber der Stellen-

---

[9] Hans Robert Jauss: Zur Analogie von literarischem Werk und historischem Ereignis. In: Koselleck/Stempel (Kap. Einleitung, Anm. 3) S. 535.

wert des Vorstellungsbildes ist beim Lesen von historischen Texten ein anderer als bei fiktionalen Texten. Das Vorstellungsbild, das durch fiktive Literatur, etwa durch einen Roman, in Leser hervorgerufen wird, ist gewissermaßen das letzte Wort oder die höchste Instanz. Außerhalb oder oberhalb davon gibt es keine Appellationsinstanz, an der die Richtigkeit des Vorstellungsbildes gemessen werden könnte. Der literarische Text setzt Wirklichkeit, deshalb sind die von ihm angestoßenen Vorstellungsbilder auch gesetzte Wirklichkeit. „Über allen Gipfeln ist Ruh ..." – das Vorstellungsbild, das in uns beim Lesen dieser Verse entsteht, kann nicht dadurch korrigiert werden, daß man bei Windstille in eine Berglandschaft fährt und seine Eindrücke einer Prüfung unterzieht – das wäre lächerlich. Die Vorstellungsbilder, die der „Zauberberg" in uns evoziert, werden nicht dadurch „verbessert", daß man in Davos auf Spurensuche geht.

Das ist beim historischen Text anders. Zwar ist auch er Konstrukt (im Sinne der narrativen Theorie), aber nicht „Setzung" im künstlerischen Sinne. Alle Geschichtsschreibung – alle! – ist idealiter korrektur-, ergänzungs-, erweiterungs- und differenzierungsbedürftig, und die Geschichtswissenschaft als Gemeinschaft der Forschenden arbeitet unablässig an diesem Verbesserungsprozeß. Die Vorstellungsbilder, die ein historischer Text im Rezipienten hervorruft, sind ebenso nicht „das letzte Wort", sondern immer nur das vorletzte. Sie bleiben grundsätzlich korrekturfähig. Dagegen hat der Begriff der Korrekturfähigkeit der Vorstellung beim literarischen Text gar keinen Sinn.

Hier muß man freilich auf einige Differenzierungen aufmerksam machen. Die Korrekturfähigkeit des historischen Vorstellungsbildes gilt nicht für die ganze Breite seiner Inhalte. In jedem historischen Vorstellungsbild stecken Inhalte, die unwiederbringlich vergangen sind und die deshalb auch nicht zur Korrektur benutzt werden können. Sie sind eben nur durch die Vorstellung wieder zum „Leben" zu erwecken. Die Vorstellung von Menschen, die lange tot sind, kann nicht einfach an der Wirklichkeit – etwa durch Inaugenscheinnahme wie z.B. bei einem antiken Tempel – korrigiert werden. Niemand wird je einem Alexander oder Caesar, einer römischen Sklavin oder einer Priesterin leibhaftig begegnen. Wir sind auf Hilfsmittel der Annäherung angewiesen, die uns ein Stück weit an die vergangene Wirklichkeit heranbringen, und kein Historiker wird es ausschlagen, solche Wege zu betreten. Die Vergegenwärtigung selbst aber besorgt die Imagination – eine solche aber, die prinzipiell und immer für Korrekturen „von außen" offenbleibt.

Eine vollständige Übereinstimmung von Vorstellungsbild und Wirklichkeitsanschauung gibt es übrigens auch nicht in der erfahrbaren Lebenswirklichkeit. Ein Mensch, der zehn Jahre an einem bestimmten Ort lebt, hat dann doch, wenn er den Ort wechselt und sich die frühere Örtlichkeit vergegenwärtigt, wieder ein Vorstellungsbild vor Augen, und das bedeutet auch immer: die Reduzierung einer unendlich großen Zahl von Eindrücken und Beobachtungen. Vorstellungsbilder sind Konstrukte, die nicht die gesamte Wirklichkeit wiedergeben.

Beim Problem der Korrigierbarkeit von Vorstellungsbildern ist noch ein weiterer Aspekt zu beachten. Vorstellungsbilder neigen dazu, ein Eigenleben zu führen, dies umso mehr, je mehr ihre Entstehung im Dunkel des Unterbewußtseins liegt. Bei den historischen Vorstellungsbildern kommt noch hinzu, daß die Wirklichkeit, an der sie korrigierbar wären, nicht mehr vorhanden ist. Dies kann sie – im Extremfall – in die Nachbarschaft zu absonderlich-willkürlichen Gedankengebilden, wohl auch zu Wahnideen und Phantasien bringen. Ein Beispiel dafür sind die Bücher von Erich v.Däniken. Etwas anders liegen die Dinge bei Schülern im oder noch vor dem Anfangsunterricht: da wimmelt es von „falschen" Vorstellungen, die kindlich und unangemessen, manchmal oft ungewollt komisch sind – der Geschichtsunterricht selbst ist dann über weite Strecken für die Schüler eine dauernde Korrektur falscher Vorstellungen. Das liegt einmal daran, daß das historische Feld selbst noch ganz ungegliedert ist, aber auch daran, daß die Kinder Schwierigkeit haben, überhaupt die Welt der Erwachsenen mit ihren merkwürdigen Motiven und Absichten zu verstehen.

Vorstellungsbilder können so ungebunden wuchern, daß sie sich der Kontrolle entziehen und zu einer Gefahr für den Realitätsbezug werden. Das Ins-Kraut-Schießen von Vorstellungsbildern auch historischer Art läßt sich am besten dort beobachten, wo auch die letzten Reste von wissenschaftlicher Rückkopplung oder auch von Rückkopplung an die Lebenswelt verloren gegangen sind oder nie vorhanden waren: im trivialen Geschichtsbewußtsein. Gute Beispiele dafür findet man in Walter Kempowskis Erinnerungsbuch an seine Bautzener Zuchthausjahre. Unter den Gefangenen, die einer ungewissen Zukunft entgegensehen und die von allen Verbindungen nach draußen abgeschnitten sind, blühen freischwebende „Theorien" – besser vielleicht: Phantasien mit starken bildlichen Elementen – über den Lauf der Geschichte und damit auch über ihre eigene Zukunft.

Ein Beispiel: „Ausgemacht war es für ihn, daß finstere Mächte die Welt regierten: ‚Kennste det Schilla – Goethe – Denkma in Weima? ... Haste mal uff'n Sockel jekiekt? Nee? ... Und de Sechsa-Maake mit'n Hitla-Kopp druff? Haste die ma anjekiekt? Nee? Hättste soll'n machen! ... Un in'n Krieg, de Fimfte? Beethoven und Churchill? Bum- Bum- Bum- Bum? Nee? ... Allet keen Zufall ...'

Die Großen steckten alle unter einer Decke. Weltkriege waren nur Scheingefechte, wo's um ganz was anderes geht. Schon bei Friedrich dem Großen: die Zarin, daß die da grade abkratzt. ‚Komisch, nich?'

‚Ick hab'n Film jesehen, wo'n Flieger abschmiert, in Tibet. Wat jlobste, wat da unten los ist? Dat hat noch keener mitjekriegt. Allet Tempel voll Jold, und ne Weltrejierung.'

Da unten wären wir alle registriert, in Tibet. Neulich wär einer rausgeholt worden, aus Saal 5, und nie hätt' ihn einer wiedergesehen.

‚Valleicht hat Hitla sich da ooch hin vakrochen.'

Ariosophen oder wie diese Östers hießen: Professor Hoffmann, der Leibfotograph Hitlers, der habe sich nach dem Krieg zum buddhistischen Mönch weihen lassen, mit Kerzen auf'm Kopf, die dann niederbrennen. Die Partei sei ja durchsetzt gewesen von Leuten, die auf Befehl der asiatischen Weltmacht gehandelt hätten. Hitler habe auf deren Befehl das deutsche Volk vernichtet, das sei jetzt klar erwiesen. Er glaubte, wir säßen hier als Faustpfand. Irgendwann schöben sie unsere Karteikarte von der linken auf die rechte Seite und dann würden wir entlassen und andere würden dafür eingesperrt.

‚Valleicht auch'n Kopp kürza', aber für'n ‚Kopp kürza' könne sich ja niemand etwas kaufen."[10]

Was hier an Vorstellungsbildern in historischem Gewand hochkommt, ist nichts als Ausdruck der eigenen Ohnmacht. Eine Rückkopplung an die Wirklichkeit könnte die wirre Phantasie korrigieren, aber das Eingesperrtsein erlaubt eine solche Rückkopplung nicht. Immer dann, wenn Menschen in ähnlicher Lage zuammengepfercht sind – in Kriegsgefangenen- oder Flüchtlingslagern – kann man beobachten, wie solche Phantasien ins Kraut schießen.

An solchen Beispielen wird die größte Gefahr der Generierung von Vorstellungsbildern sichtbar: sie haben die Fähigkeit, überzuschießen und sich der Kontrolle zu entziehen. Dann sind sie keine Hilfe mehr für das historischen Verstehen, sondern die Quelle von Unsinn. Das Vorstellungsbild erweist sich der Wahrheitssuche historischer Forschung gegenüber als indifferent; unhaltbare historische Aussagen können genau solche Vorstellungsbilder evozieren wie zutreffende. Für die Geschichtsschreibung ist es kein wissenschaftlich relevantes Kriterium, ob sich ihre Aussagen in Vorstellungsbilder umsetzen lassen oder nicht. Vorstellungsbilder gehören nicht zu dem, was die wissenschaftliche Qualität eines historiographischen

---

[10] Walter Kempowski: Ein Kapitel für sich (Hanser) München/Wien 1975, S. 173. Dazu auch: Rolf Schörken: Geschichte im Alltag. Über einige Funktionen des trivialen Geschichtsbewußtseins. In: GWU 1979, Heft 2, S. 149 – 164.

Textes ausmacht. Vermutlich ist hier der Grund dafür zu suchen, daß in den Geschichtstheorien der Imaginationsfähigkeit keine Aufmerksamkeit geschenkt wird.

Dem Überschießen des Vorstellungsbildes steht auf der anderen Seite des Spektrums ein Mangel gegenüber. Wenn sich bei der Begegnung mit einem historischen Stoff überhaupt keine Vorstellungsbilder herauskristallisieren, weil die Darstellung zu formelhaft, unanschaulich oder einfach zu langatmig ist, kann man von einer Austrocknung der Imagination sprechen. Das muß kein Mangel der wissenschaftlichen Qualität sein. Auch sehr trokkene Texte können bedeutende Ergebnisse zu Tage fördern. Für die Rezeption bedeutet Vorstellungsarmut aber immer einen Mangel.

Die Historie verfügt über zwei Vorteile für die Generierung von Vorstellungsbildern gegenüber den Nachbarwissenschaften Ökonomie, Soziologie und Politikwissenschaft: der eine ist ein struktureller, der andere ein begrifflicher. Der strukturelle besteht darin, daß es die Geschichte mit narrativen Sequenzen zu tun hat, und das eigentliche Lesevergnügen jedes Lesers besteht darin, mit seiner Vorstellungsfähigkeit in Abläufe einzutreten. (Dazu Kap. 4). Der andere Vorteil hängt mit der besonderen Art der historischen Begriffsbildung zusammen, die weniger systematisch und konkreter ist als die der anderen Sozialwissenschaften. Ein großer Teil der historischen Begriffe birgt vorstellbare Elemente. Auch in abstrakten, stark zusammenfassenden Texten, manchmal sogar in solchen, bei denen (wie im folgenden Beispiel) nur schwer ein Subjekt der Darstellung auszumachen ist, bleiben Reste von Vorstellungsbildern erhalten, fetzenhaft und flüchtig, kaum dem Bewußtsein wahrnehmbar, aber vorhanden.

Beispiel 1. „Der Prozeß, der den Mittelmeerraum bedrohte und dem er letztlich erliegen sollte, ist kein geringerer als die Verlagerung des Schwerpunktes der Welt vom Binnenmeer zum Atlantischen Ozean. Die Entdekkung Amerikas 1492 und die Reise ums Kap der Guten Hoffnung 1497 bis 1498 bilden den Auftakt zu diesem Wandel. Wohl errangen diese Ereignisse nicht von heute auf morgen ihre volle Bedeutung. Pfeffer und Gewürze werden über Lissabon nach Antwerpen geliefert. Aber die Suez-Route und der Persische Golf sind nicht aus dem Spiel und können mit der langwierigen Umseglung Afrikas rivalisieren. Es wird sogar der Bau eines Suez-Kanals erwogen. Pfeffer und Gewürze gelangen übrigens nur gegen Edelmetall nach Europa. Wer das Geld, wer Gold und Silber hat, kann auch Produzenten, Händler und Lieferanten von Pfeffer und Gewürzen fernlenken. Gewiß, das Edelmetall, das nach 1530 fast ausschließlich via Sevilla aus Amerika kommt, gehört Spanien. Der Kriege Karls V. und der Zwangsanleihen der Regierung Kastiliens wegen, an denen sich bald italienische Banken, vor allem genuesische Kaufleute und Bankiers beteiligen, fließt indessen das spanische Silber nach 1550 immer häufiger über Italien. Kisten voller Reales („Achterstücke") werden regelmäßig in Galeeren von Barcelona nach Genua verfrachtet ..."[11]

Obwohl es sich bei diesem Text weder um bestimmte Personen noch Personengruppen, sondern um die Abstraktion „Seehandel" handelt, und obwohl Episodisches oder Handlungsbruchstücke fehlen, entfernt sich der Text nie völlig von vorstellbaren Bildern; der Leser hat, wie flüchtig auch immer, entweder räumliche, aus der Vogelperspektive des Landkartenbetrachters herrührende – Mittelmeer, Kap der Guten Hoffnung, Suez, Spanien, Genua usw. – oder sogar dinghafte Bilder vor Augen („Kisten voller Reales"). Der Fortgang des Gedankens ist mit dem Weiterlaufen von Bildern verknüpft, freilich nur von „angetippten", blitzartig auftauchenden und verschwindenden bildähnlichen Vorstellungsfetzen, von denen schwer zu sagen ist, was länger im Bewußtsein haften bleibt, das Bild oder die Bedeutung oder eine untrennbare Mischung von beidem.

Selbst bei einem Gegenstand, wie er sich spröder nicht mehr denken läßt, der Klimageschichte von Le Roy Ladurie, mangelt es nicht an vorstellbaren Bildern. Ein Beispiel:

„... ici au XVIIe siècle, là au XVIIIe, le vigneron, stimulé par une demande plus forte et plus exigeante, renonce à sa traditionelle piquette et cherche à obtenir du vin de qualité et d'une meilleure conservation; ou encore, en Guyenne et en Languedoc, il brûle son vin pour en tirer de l'eau-de-vie; dans les deux cas, il a intérèt à vendanger plus tard: il obtient ainsi un raisin plus longuement mùri, ayant une plus forte teneur en sucre, susceptible de donner plus de „degré."[12]

Die Dinglichkeit der behandelten Gegenstände macht es leicht, Vorstellungsbilder zu entwickeln – Weinberge, Trauben, Wein und Weinbrand. Diese werden in diesem Gedankengang freilich nicht ausgeleuchtet und konkretisiert, sondern wirken – ähnlich wie beim soeben angeführten Text – wie rasch vorüberlaufende bildliche Signale, die dazu verhelfen, Bedeutungen blitzartig zu erfassen. Man kann hier einwenden, daß diese Bedeutungen ja gerade begrifflich-abstrakter Art seien, sich also allgemein auf Klima und Weinbau bezögen und es mithin gar nicht auf die Konkretion ankäme, die ja die eigentliche Qualität des Bildes ausmache. Aber gerade, wenn man diesen Einwand anerkennt, wird man auf die Funktion des Bildes auch bei der Begriffsbildung selbst aufmerksam. Begriffe, denen wenigstens noch Bildreste zugrundeliegen, können auch in ihrer begrifflichen Qualität ra-

---

[11] Braudel/Duby/Aymard: Die Welt des Mittelmeeres. Dt. Ausg. (S. Fischer) Frankfurt a. M. 1987, S. 110 f.

[12] Emanuel Le Roy Ladurie: Histoire du climat depuis l'an mille. Paris 1967, p. 56.

scher und leichter aufgefaßt werden als solche, denen nichts Vorstellbares mehr anhaftet.

Natürlich kennt die Historie auch eine Fülle von unanschaulichen Begriffen, etwa „Koalition“, „Hegemonie“, „Sozialimperialismus“ usw., die „nur“ eine Bedeutung haben, aber kein Vorstellungsbild mehr vermitteln. Diese werden didaktisch allgemein als schwieriger eingestuft, der Lehrer muß sorgfältig Grund legen, damit sie verstanden werden. Diese Tatsache macht uns auf das Problem von Vorstellungsbild und Begreifen aufmerksam.

Es stellt sich die Frage, ob das Vorstellungsbild nicht nur für innere Anschauung sorgt, sondern vielleicht auch dem rezipierenden Subjekt hilft, historische Sachverhalte und Zusammenhänge zu erklären. Es würde damit wichtig auch für nichtanschauliche Bezüge, wie z.B. historische Verknüpfungen und Argumente.

Arthur Danto machte klar, daß die historische Erzählung bereits eine Form der Erklärung sei: die Erzählung erklärt ein Vorkommnis und gibt Auskunft darüber, was innerhalb einer gewissen Zeitspanne vorgefallen ist. Insoweit sie erklärt, gibt sie genau an, was geschehen ist, und insofern sie genau wiedergibt, was geschehen ist, erklärt sie. „In dieser Weise also bilden erzählende Beschreibung und historische Erklärung ein unauflösbares Ganzes.“[13] Mit dieser Neusicht leitete er ein neues Ernstnehmen der Erzählung ein, die als nur anschaulich und ausschmückend und wegen ihrer Personenzentriertheit als veraltet gegenüber strukturgeschichtlichen Darstellungen in Verruf gekommen war. Danto behandelt nicht die Rolle der Imagination und der Vorstellungsbilder, doch wenn man davon ausgeht, daß der Fluß des Erzählens immer von einem Fluß von Vorstellungsbildern begleitet ist, wird man auf die Frage aufmerksam, ob die Vorstellungsbilder nicht auch eine Funktion für das Erklären haben.

Der Sprachgebrauch spricht dafür, wie anfangs schon erwähnt wurde. Fragen wie „ Was stellen Sie sich vor unter der Laieninvestitur/ dem Prinzipat/ dem Marsch auf Rom?“ werden denn auch im Geschichtsunterricht oder in Examina häufig gestellt. Sie zielen auf nichts anderes ab als auf eine erklärende Darstellung des Gemeinten, sind also nicht wörtlich zu nehmen als Schilderung eines Vorstellungsbildes. Doch ist der konkretistische Zug der „Vorstellung“ auch in dieser abgeschliffenen Form noch erhalten geblieben – wer auf solche Fragen Formeln anbietet, die alles und nichts besagen, ist schlecht beraten. „Was stellen Sie sich darunter vor?“ ist eine

---

[13] Arthur C. Danto (Kap. Einleitung, Anm. 2) S. 322.

Frage, die mindestens den Nebensinn hat, kein Ausweichen ins Unverbindliche zu gestatten.

Je genauer die Vorstellbarkeit, umso besser die Erklärbarkeit. Umgekehrt: Hat sich im Befragten ein Vorstellungsbild nicht bilden können, weil zu wenig Kristallisationspunkte dafür vorhanden waren – bei einem Text etwa zu vage Sprache oder zu große Abstraktion, bei einer Prüfung oft einfach ein Mangel an genauen Kenntnissen –, dann hapert es mit der Erklärung. Jeder Prüfer weiß, daß man die Hohlheit angelesener Formeln rasch aufdecken kann, wenn man nach den konkret vorstellbaren Momenten fragt.

Historische Erklärungen ohne irgendeine Art der Vorstellbarkeit scheint es nicht zu geben.

4. Verstricktsein in Geschichten und Geschichte

„Wir Menschen sind immer in Geschichten verstrickt. Zu jeder Geschichte gehört ein darin Verstrickter. Geschichte und In-Geschichte-verstrickt-sein gehören so eng zusammen, daß man beides vielleicht nicht einmal in Gedanken trennen kann. Die größten Werke der Menschheit haben Geschichten und Verstricktsein in Geschichten zum Gegenstande. Wir brauchen nur einige Namen wie Homer, die Bibel, Dante, Cervantes, Swift, Shakespeare, Goethe, Dostojewski zu nennen, und schon leuchtet eine unendliche Folge von Geschichten, in die Menschen verstrickt sind, vor uns auf. Wenden wir uns dann von den Werken dieser Dichter zu den Werken der Geschichtsschreiber, von Herodot bis Mommsen oder zu den Lebensbeschreibungen, so sind auch diese angefüllt mit Geschichten, die nach Inhalt und Aufbau kaum unterschieden werden können von den Geschichten der Dichter. Wir wollen nicht behaupten, daß die Weltgeschichte, wenn es so etwas gibt, oder die Geschichte irgendeiner Nation oder eines Zeitalters nur aus Geschichten bestehe oder nur eine Aneinanderreihung von Geschichten sei, aber jedenfalls stehen Einzelgeschichten in engstem Zusammenhang mit der Weltgeschichte. Eine Weltgeschichte, die nicht als wesentlichen Ausgangspunkt Geschichten hätte, läßt sich kaum vorstellen."

Für Wilhelm Schapp, der so sein Buch „In Geschichten verstrickt"[1] beginnt, ist das menschliche Verstricktsein in Geschichten ein Existential, das charakterisiert, wie der Mensch in der Welt ist und wie er sich in ihr und zu ihr verhält. Wir können bei unserer begrenzten Untersuchungsabsicht den weiten Horizont grundsätzlicher Existenzerhellung vernachlässigen, lassen jedoch nicht aus den Augen, was die Philosophie der Lebenswelt[2] zum Verhältnis einer „obersten" Lebenswelt zu „untergeordneten" Sinnbezirken im Leben sagt: Wir halten uns von Zeit zu Zeit in mehr oder weniger abgeschlossenen Sinnbezirken auf – in der Welt der Kunst, des Spieles, des Traumes. Kehren wir aus solchen Sinnprovinzen wieder in die Alltagswelt zurück, haben wir das deutliche Gefühl einer Grenzüberschreitung, so etwa, wenn das Theaterstück, der Film, das Schachspiel oder der Traum zu

[1] Wilhelm Schapp: In Geschichten verstrickt. (Meiner) Hamburg 1953.

[2] Peter L. Berger / Thomas Luckmann: Die gesellschaftliche Konstruktion der Wirklichkeit. Frankfurt 1970.

Ende sind. Wir erwachen gewissermaßen wieder zur beherrschenden Wirklichkeit der Lebenswelt. Das Lesen gehört in die Reihe solcher Sinnbezirke. Wenn wir vom Lesen gefangen sind, weilen wir in einer „anderen Welt", wie man wohl sagt, und wenn wir das Buch zuklappen, beginnt die alltagsweltliche Wirklichkeit wieder, von der wir uns entfernt hatten und in die wir immer wieder zurückkehren müssen.

Wenn wir von Verstricktsein sprechen, verwenden wir den Begriff nicht in dem umfassenden Sinn von Schapp, sondern beziehen ihn, auf Wolfgang Isers Analysen fußend, auf den Leseakt und darüber hinaus auf das innere Beschäftigtsein mit dem, was als neue Erfahrung aus dem Gelesenen erwächst, bleiben also im Bereich der Rezeptionsästhetik, und zwar auf dem Feld der Geschichte, nicht der Fiktionserzählung. Daß „Geschichten" und „Geschichte" nicht dasselbe sind, braucht hier nicht wiederholt zu werden; seit Kosellecks Untersuchungen ist das Verhältnis der (Einzel-)Geschichten und der (kollektiven) Geschichte auch in seiner Genese geklärt.

Der Begriff des Verstricktseins verspricht, uns an eine besondere Qualität der Beziehung von rezipierendem Bewußtsein und Geschichte heranzuführen, die auch geschichtsdidaktisch von Bedeutung ist. „Verstrickt in Geschichte" kann auch der Schüler sein, wenn er geschichtliche Darstellungen liest oder hört, jedenfalls bis zu einem gewissen Grade und in einer besonderen Weise.

Was bedeutet „Verstricktsein in eine Geschichte" als Leseerfahrung? Jeder Mensch, der intensiv liest oder gebannt zuhört, erlebt ein Involviertsein in das Gelesene oder Gehörte. Er wird in eine andere Wirklichkeit hineingezogen, vielleicht nur für die Zeitspanne des Lesens, vielleicht aber auch länger andauernd, wenn ihm das, was er gelesen hat, später, wenn er längst wieder in seine Alltagswirklichkeit eingetaucht ist, wieder ins Bewußtsein kommt und ihn innerlich beschäftigt. Lesen wir ein geschichtliches Buch, treten wir in eine vergangene Wirklichkeit ein, die etwas anderes ist als unsere alltägliche Welt. Was wir lesen, wird uns vorübergehend zur Wirklichkeit, an der wir teilnehmen und in der wir uns kraft unserer Imagination aufhalten, ohne physisch dort anwesend zu sein. Für die Dauer des Lesens verschieben sich dann die Gegenwarten: kraft unserer Imagination „sind" wir in einer Vergangenheit, die wir zu unserer Gegenwart machen, solange wir lesen, und kehren erst nachher wieder in „unsere" Gegenwart zurück. Iser bezeichnet das Verstricksein als den Modus, „durch den wir in der Gegenwart des Textes sind und durch den der Text für uns Gegenwart geworden ist".[3] Indem wir in eine Vergangenheit eintreten und sie für die Dauer des Lesens zur Gegenwart machen, entrückt uns unsere Alltagsgegenwart

---

[3] Wolfgang Iser (Einleitung, Anm. 5) S. 214.

in die Vergangenheit. Wir machen die Erfahrung einer neuen Gegenwart, die wir gerade nicht in unserer Lebenswelt mit ihren alltäglichen Orientierungen machen können. Der Alltag wird für die Dauer des Lesens suspendiert, aber so, daß er nicht einfach verschwindet, sondern „in eine Interaktion mit der noch unvertrauten Gegenwart des Textes tritt“[4]. Man macht im Leseakt neue Erfahrungen. Dies geschieht in der Weise, daß uns das Lesen eines historischen Textes aus unseren alltäglichen, gegenwartsbezogenen Ansichten und Orientierungen entrückt und vorübergehend andere Orientierungen an ihre Stelle treten. Die Normen unserer Lebenswelt stellen sich zwar wieder her, wenn man mit dem Lesen aufhört – aber mit einem wichtigen Unterschied. Die im Lesen gemachten Erfahrungen verschwinden nicht einfach aus dem Bewußtsein, sondern treten in eine bewußte oder unbewußte Interaktion mit den lebensweltlichen Gegenwartserfahrungen. „Das aber heißt: durch die Erfahrung des Textes geschieht etwas mit unserer Erfahrung“[5]: die alten Ansichten, Wertungen, Orientierungen schichten sich um durch Verschmelzen mit den im Leseakt gemachten neuen. Erfahrungszugewinn ist kein additiver Vorgang, sondern ein Prozeß der Umstrukturierung bisheriger Erfahrungen und der diesen zugrundeliegenden Kategorien.

Eine solche Interaktion von alten und neuen Erfahrungen gilt generell für den Erfahrungserwerb überhaupt, nicht nur für den Typ der historischen Erfahrung. Für historische Erfahrungen aber gilt zusätzlich, daß sie in einem exemplarischen Sinne Fremdheitserfahrungen sind. Hier gibt es viele Abstufungen. Bei der Beschäftigung mit zeitlich oder räumlich sehr weit entfernten Kulturen kann die Fremdheitserfahrung überwältigend sein, in der Zeitgeschichte des eigenen Landes ist sie erheblich geringer, aber ganz abwesend ist sie nie. Für neue Erfahrungen, so möchte man sagen, ist also bei der Beschäftigung mit Geschichte in jedem Falle im Übermaße gesorgt. Gleichzeitig aber ist auch immer ein Moment der Nähe vorhanden: Die Menschen anderer Zeiten und Räume sind uns nie völlig fremd, es gibt immer zum mindesten Möglichkeiten, sie zu verstehen, wenn wir unsere Orientierungen und unser Wertesystem flexibel und ausdehnungsfähig halten, was wiederum ein Ergebnis stetiger Bemühung um Fremdes ist. Die Fähigkeit, Fremdes besser zu verstehen, ist, wenn man so will, der Lustgewinn für die Mühe, die das Verlassen des Gegenwartshorizontes mit sich bringt.

In älteren, vor allem in marxistisch inspirierten Texttheorien[6] wurde Rezeption als Einbahnstraße Text – Bewußtsein verstanden: der Text konditio-

---

[4] Ebd. S. 215.
[5] Ebd.
[6] Ebd. S. 175.

niert, das Bewußtsein folgt passiv. Moderne Rezeptionstheorien ordnen dem aktiven Tun des Subjekts ein größeres Gewicht zu. Text *und* Leser teilen sich in die Hervorbringung der Sinnkonstruktion, die das Ergebnis des Lesens ist. Zum Gelingen des Transfers des Textes in das Bewußtsein gehört das Erfassen und aktive Verarbeiten durch den Leser, und das heißt immer: durch höchst unterschiedliche Leser, deren Vorwissen, Einstellungen, ja deren gesamtes intellektuelles, emotionales und soziales Erfahrungsrepertoir in diesen Verarbeitungsprozeß einfließt. Das Verstricktsein als „Erfassungsakt" (Iser) des Textes durch den Leser ist mithin kein Vorgang des Hinnehmens, sondern ein Akt, an dem das Subjekt mit seiner Imaginationskraft kreativ beteiligt ist.

Der Terminus „Verstricktsein" ist ja ein starker Ausdruck für die Anteilnahme des Lesers am Text. Gemeint ist denn auch mehr als eine bloße Anteilnahme oder ein bloßes Sachinteresse, sondern ein Hineingezogenwerden in eine zweite Wirklichkeit. Jeder Leser, der in jungen Jahren einmal von einer Karl-May-Lesewut heimgesucht wurde, kennt dieses Hineingezogenwerden, das einen regelrecht süchtig machen kann. Auch dem Leser spannender Kriminalromane leuchtet der Terminus ohne weiteres ein. Von Verstricktwerden spricht die Rezeptionsästhetik aber nicht nur, wenn es um die psychologische Seite geht, um die Neugierde, wie es weitergeht, und um die Identifikation mit dem Helden. Auch in langatmige, spannungsarme Romane kann man „verstrickt" werden. Es ist ein strukturelles Merkmal, das diese Verstrickung besorgt: die von Iser analysierte „rollende" Gegenwart durch Schaffung einer sekundären Vergangenheit und einer sekundären Zukunft, in der sich der Leser bewegt, „als ob" es eine Wirklichkeit wäre. In der Tat ist ja die Lesewirklichkeit eine „Als-ob-Wirklichkeit". „Jeder Augenblick der Lektüre ist eine Dialektik von Protention und Retention, indem sich ein noch leerer, aber zu füllender Zukunftshorizont mit einem gesättigten, aber kontinuierlich ausbleichenden Vergangenheitshorizont so vermittelt, daß durch den wandernden Blickpunkt des Lesers ständig die beiden Innenhorizonte des Textes eröffnet werden, um miteinander verschmelzen zu können"[7]. In dieser Weise findet die Illusionsbildung, das heißt der Aufbau einer zweiten Wirklichkeit, im Bewußtsein des Lesers statt.

Die Momente, die eine Verstrickung des Lesers in den Text herbeiführen, wirken aber bei historischen Texten anders als bei fiktiven. Jedem Leser ist es gewiß schon einmal aufgefallen: Kein historisches Werk kann es an Spannung mit einem gelungenen Kriminalroman aufnehmen, und kein hi-

---

[7] Ebd. S. 182 f.

storischer Held kann einen Leser derartig in eine Identifikation hineinzwingen, wie das Old Shatterhand bei einem Elfjährigen kann. Die Spannung, wenn überhaupt davon die Rede sein kann, ist im historischen Werk gebrochener, die Personen sind komplexer, die Handlung ist vielschichtiger und verzweigter. Überhaupt scheinen Handlung und Personen in historischen Werken etwas anderes zu sein als in fiktiven. Wenn im Kriminalroman der Fall gelöst ist, ist die Geschichte zu Ende, nicht so in der Geschichte: es geht, auch nach dem Schluß der Darstellung, weiter. Auch gibt es im historischen Werk, streng genommen, keine offene Zukunft. Man weiß oder kann sich doch leicht kundig machen, wie es weiter ging. Jeder Autor historischer Themen, jeder Geschichtslehrer kennt die Schwierigkeiten, die entstehen, wenn er offene Entscheidungssituationen nachträglich wiederherstellen will, aber die Leser oder die Schüler schon vorher wissen, wie die Sache ausgegangen ist. Von diesem Vorwissen her bekommt aber jede Einzelheit unvermeidbar eine bestimmte Einfärbung. Das historische Feld ist im Gegensatz zum fiktionalen Feld nicht offen. Ein weiteres kommt hinzu: Auch wenn der Historiker das Personal seiner Darstellung begrenzt, so gilt doch, daß es grundsätzlich ausdehnbar ist: weitet er den Horizont aus, kommen neue Personen ins Spiel. Das gilt auch für die Handlungssequenzen und ihre Verknüpfungen, für die Probleme, die behandelt werden. Natürlich wählt auch der Historiker aus. „Er formiert seine Geschichte, indem er einige Ereignisse bündelt und andere ausschließt, einige hervorhebt und andere unterordnet. Anders als der Schriftsteller steht der Historiker einem realen Chaos von *bereits feststehenden* Ereignissen gegenüber, aus denen er die Elemente für die Geschiche, die er erzählen will, auswählen muß."[8] Schriftsteller und Historiker betreiben gemeinsam das Geschäft, Geschichten zu erzählen. Der entscheidende Unterschied besteht darin, daß der Historiker seine Geschichte erzählt, um vergangene Wirklichkeit zu *erklären*, während der Schriftsteller mit seiner Erzählung Wirklichkeit setzt. Die Wirklichkeit des Schriftstellers besteht nirgendwo anders als in der Imagination, die des Historikers besteht zwar auch in der Imagination, bezieht sich aber auf Ereignisse, die in der Vergangenheit tatsächlich stattgefunden haben.

Da der Historiker, um zu erklären, eben auch erzählt, können die Erzählstrukturen Aufschluß geben über die Weise, wie er erklärt. Die Erklärungen des Historikers finden sich keineswegs immer manifest an der Oberfläche des Textes, etwa in Form der benutzten Begriffe oder die ideologischen Ansätze, sie finden sich auch im Sprachgebrauch, in dem sich erzählende und

---

[8] Hayden White (Kap. I, Anm. 3) S. 569, Anm. 5.

[9] Werner Schiffer: Theorien der Geschichtsschreibung und ihre erzähltechnische Relevanz. (Metzler) Stuttgart 1980.

erklärende Momente durchdringen. Werner Schiffer[9] spricht von einem „explanatorischen Erzählen“. Das ist eine Kennzeichnung, die für alle Arten von historiographischen Texten zutrifft, denn alle bewegen sich irgendwo zwischen den beiden Polen Explanation und Erzählen, einmal stärker erzählend, einmal stärker begrifflich explizierend.

Es ist auffallend, in welch starkem Maß die Analyse historischer Erzählformen in den letzten Jahren an Boden gewonnen hat. Neben dem schon mehrfach erwähnten Paul Ricoeur sind hier die Arbeiten von Hayden White zu nennen.

White betrachtet „das Werk des Historikers als offensichtlich verbale Struktur in der Form einer Erzählung. Geschichtsschreibungen (und ebenso Geschichtsphilosophien) kombinieren eine bestimmte Menge von ‚Daten‘, theoretische Begriffe zu deren ‚Erklärung‘ sowie eine narrative Struktur, um ein Abbild eines Ensembles von Ereignissen herzustellen, die sich in der Vergangenheit zugetragen haben sollen.“[10] Er unterscheidet zwischen drei Versionen, mit deren Hilfe Historiker Erklärungen liefern: die Erklärung

- durch formale Schlußfolgerung (argument),
- durch narrative Strukturierung (emplotment) und
- die Erklärung anhand ideologischer Implikationen[11].

Der Begriff emplotment ist eine Wortprägung Whites, die vom engl. plot = Handlung abgeleitet ist. Der Übersetzer verdeutscht den Begriff mit Strukturierung, Modellierung oder Gestaltung.

Für unsere Frage nach der Leseverstrickung scheint das emplotment der wichtigste der drei genannten Modi zu sein. Formalen Schußfolgerungen und ideologischen Implikationen mögen argumentative Reize zukommen, aber keine Verstrickungsqualität. Verstrickt werden ist ein dynamischer Vorgang, und das dynamische Element in einer Erzählung ist zunächst einmal die Handlung. Die ungewöhnliche Wirkung von plots, den Leser oder Zuschauer gefangen zu nehmen, kann man im täglichen Leben immer wieder machen, wenn man z.B. den Fernseher einschaltet und zufällig in irgend eine beliebige Handlung hineingerät: selbst, wenn man überhaupt nicht weiß, worum es geht und nicht einmal die Personen identifizieren kann, scheint es einem manchmal kaum möglich zu sein, sich loszureißen – es ist, als sei man auf eine Schiene gesetzt und müsse weiterfahren; allein die innere Bewegung des plot, der sich ja von einem Punkt A auf einen Punkt B zubewegt, scheint für diese Wirkung zu genügen. Man möchte einfach wissen, was bei Punkt B passiert ...

---

[10] Hayden White (Kap. I, Anm. 3) S. 9.
[11] Ebd. S. 10.

Ein plot stellt das Grundgerüst einer Geschichte dar. Er hat einen Anfang, ein Ende und einen Geschehniszusammenhang, der dazwischen liegt. Bereits mit der Festsetzung eines Anfangs und eines Endes beginnt der konstruktivistische Teil der Arbeit des Historikers – im fließenden Feld der Geschichte „gibt" es keinen Anfang und kein Ende, vor jedem Anfang gab es andere Anfänge, nach jedem Ende ging die Geschichte weiter. Zu diesem ersten Schritt des emplotment kommen weitere, mit deren Hilfe der Historiker seine Geschichte erzählt. Bestimmte Ereignisse, die am Anfang der Geschichte vorkommen, nehmen nach Hayden White die Form eines „Eröffnungsgeschehens" an, andere, die an den Schluß gehören, werden zum Schlußmotiv, dazwischen liegen Übergangsmotive, die die Erwartungen des Lesers in der Schwebe halten[12]. „Die Chronik der Ereignisse ist in einen vollendeten diachronischen Prozeß umgewandelt worden, an den sich dann Fragen richten lassen"[13]. Bei der Auswahl der Ereignisse, die der Historiker zum Zwecke der plot-Konstruktion trifft, werden Fragen aufgeworfen, die der Historiker „vorwegnehmen und im Verlauf der Konstruktion seiner Erzählung beantworten muß. Es sind Fragen wie: ‚Was geschah als nächstes?', ‚Wie geschah das?', ‚Warum ereigneten sich die Dinge so und nicht anders?' oder ‚Wie ging die Sache am Schluß aus?'"[14]. Solche Fragen machen nach White aus den Ereignissen erst eine *nachvollziehbare* Geschichte. Verstrickung in eine Geschichte ist nicht möglich ohne Nachvollziehbarkeit. In eine Chronik kann man nicht verstrickt werden, weil die narrative Linienführung eines plot fehlt.

Um die Fülle historischer Gestaltungsformen übersichtlich zu machen, greifen wir auf gebräuchliche Darstellungstypen zurück: auf Biographie, Epochendarstellung und Essay. (Die Monographie muß in diesem Zusammenhang vernachlässigt werden, da die innere Verschiedenheit dieser Gattung derart groß ist, daß sie sich einer Klassifizierung entzieht.) Diese drei Typen unterscheiden sich in der narrativen Linienführung deutlich voneinander und verwickeln den Leser auf unterschiedliche Weise in Geschichte.

Die historische *Biographie* ist ein Lieblingskind weitester Leserkreise. Sie hat die Krise, die sie in den 70er und 80er Jahren durchlaufen hat, ohne nennenswerte Einbußen an Beliebtheit überstanden. Die Gründe dafür liegen auch in der narrativen Struktur, denn diese ist vergleichsweise einfach und übersichtlich.

---

12 Ebd. S. 19.
13 Ebd. S. 20.
14 Ebd. S. 21.

- Es handelt sich um *eine* Geschichte. *Eine* Person steht im Mittelpunkt. Anfang und Ende der Geschichte ist in der Regel von der natürlichen Lebenszeit dieser Person vorgegeben.
- Die Personen werden aus einer gewissen psychologischen Nähe dargeboten, so daß der Leser die Illusion haben kann, ihr konkretes Leben oder bestimmte Seiten ihrer Persönlichkeit besonders gut zu kennen.
- Die Person bildet den Fluchtpunkt für die gesamte Perspektivik: die Zeitumstände treten in den Erzählhorizont nach Maßgabe ihrer Bedeutung für die Hauptperson.
- Damit ein Handlungszusammenhang entsteht, in den der Leser eintreten kann, ist es nötig, daß die dargestellte Person eine Zielgerichtetheit erkennen läßt oder ihr eine solche auferlegt wird, etwa in der Weise, daß sie Probleme lösen, Aufgaben besonderer Art bewältigen oder mit Schwierigkeiten fertig werden muß. Auch Liebesbeziehungen erfüllen diese Bedingungen. Auf diese Weise entsteht ein Erzählgefälle auf einen Punkt in der Zukunft hin.

„Eröffnungs-", Höhepunkt"- und „Schlußmotive", die die Linienführung beherrschen, sind bei der Biographie durch naturale Analogie vorgegeben. Als Eröffnungsmotive dienen in der Regel Herkunft, Kindheit und Jugend, die Höhepunktmotive bestehen in der Aufgabenstellung und Leistungen oder den „Schicksalsjahren", und die Schlußmotive bilden Scheitern oder Triumph, Folgen und Ausblicke.

Um diese narrative Grundstruktur kommt kaum eine Biographie herum. Das heißt aber nicht, daß die Biographie bei dieser einfachen Formgebung stehen bleiben müßte.

Sowohl die wissenschaftliche wie die populäre historische Biographie hat in diesem Jahrhundert große Wandlungen durchlaufen. Das zentrale Mittel der Handlungsverstrickung des Lesers war in der älteren populären Biographie die Identifikation des Lesers mit dem Helden, erzähltechnisch herbeigeführt durch die Mittel des Innensichtstandorts, der Gefühlsübertragung durch Herausarbeitung von menschlichen Grundgefühlen wie Freude, Liebe, Haß, Neid, Ehrgeiz, Begierde, Verrat und der so herbeigeführten Illusion, den Helden besser zu kennen als dieser sich selbst. Die klassische Theorie für diese Art der Biographieschreibung stammt, wie erwähnt, von Emil Ludwig, dem neben Stefan Zweig erfolgreichsten Biographen der 20er Jahre[15]. Für beide Autoren war die historische Biographie (auch) ein Mittel, demokratisches Bewußtsein zu fördern, und dieses politische Glaubensbekenntnis blieb nicht ohne Auswirkungen auf die Anlage der Biogra-

[15] Vgl. Einleitung, Anm. 1.

phien: Es kam beiden Autoren darauf an, die Großen der Geschichte im abschreckenden wie im imponierenden Sinn als Menschen wie Du und Ich darzustellen, ihnen also die Distanz zu nehmen, die sie zum Normalbürger hatten. Es ging deshalb um die Schaffung von emotionaler Nähe, und diese wurde dadurch erreicht, daß die menschlichen Grundgefühle herausgearbeitet wurden, die diese Großen genauso hatten wie die vielen Leser. Wo viel Menschliches und Privates in die Biographie etwa eines Politikers oder Forschers einbezogen wird, hat dies für das emplotment Folgen, etwa das Einbauen von Verweilmotiven – was auf eine weniger straffe Handlungsführung hinausläuft, die in Kauf genommen wird zugunsten stärkerer emotionaler Anteilnahme.

Nach dem Zweiten Weltkrieg hat sich die populäre Biographie von dem Muster entfernt, das in den 20er Jahren erfolgreich war. Im deutschen Sprachraum wurden in den 80er Jahren neue Beispiele für biographisches Erzählen entwickelt, deren Hauptmerkmale sind: Aufbrechen oder Rücknahme illusionären Erzählens – der Zweifel an erzählten Wirklichkeit wird mit in die Biographie hineingenommen –, Herausarbeitung des Möglichkeits-charakters des Erzählten an Stellen, wo man keine Gewißheit hat, ob das Gesagte zutrifft oder nicht, Aufbrechen der Scheinübereinstimmungen zwischen Person und Leser auf dem Feld der Gefühle und der erfahrenen Alltagswirklichkeit sowie das Einfügen von Reflexionsebenen, auf denen der schwierige Prozeß der Annäherung an Personen der Vergangenheit thematisiert wird[16]. Unübersehbar ist, daß moderne Autoren von literarischem Rang die naiven, offenbar allzu billig erscheinenden Mittel der Direktidentifikation von Leser und Held scheuen und statt dessen ein Reflexionsgerüst einziehen, das den Leser immer dann, wenn er in unbewußte Identifikationen hineingleiten könnte, wieder auf Distanz bringt. (Vgl. Kap. 5).

Eine zweite, womöglich noch wichtigere Weiterentwicklung betrifft die wissenschaftliche Biographie ebenso wie die populäre. Gute Biographien haben heute den Ehrgeiz, Gesamtbilder der jeweiligen Zeit zu sein, also nicht nur die Person auszuleuchten, sondern ihr in die Verästelungen ihrer Bindung an ihre Epoche zu folgen und schließlich sogar bis in die personenfernen Momente, die Strukturen, vorzudringen. Die moderne historische Biographie von Rang achtet darauf, den Kardinalfehler vieler älterer Biographien nicht zu wiederholen: die Heraushebung der Person über ihre Zeit. Gerade bei Biographien von Politikern und Staatsmännern, bei denen das Entscheidungshandeln nachgezeichnet wird, muß eine solche Isolierung zum Verfehlen der Aufgabenstellung führen. Es fließen deshalb immer

16 Rolf Schörken: Geschichte in der Alltagswelt. Wie uns Geschichte begegnet und was wir mit ihr machen. (Klett-Cotta) Stuttgart 1981, S. 77 ff.

mehr Momente der Zeitumstände, der Rahmenbedingungen, der jeweiligen politischen Situation, der Handlungskonsequenzen und -reaktionen, kurz, ein möglichst vollständiges Panaroma der Zeit, in die modernen Biographien ein. Dies bedeutet, daß diese Biographien immer auch mehr sind als bloße Biographien; es werden beinahe Gesamtdarstellungen von Zeitepochen daraus, allerdings am Maßband einer Person – und dies ist es, was den Begriff Biographie rechtfertigt. Wer z.B. Lothar Galls Bismarckbiographie liest, hat keineswegs „nur“ eine Biographie gelesen, sondern eine Darstellung der Epoche, gesehen allerdings immer auf den Fluchtpunkt Bismarck hin. Die Differenzierungen und Bereicherungen, die die neuere Biographieentwicklung mit sich gebracht haben, haben die Grundlagen der narrativen Linienführung der Gattung nicht über Bord geworfen, sondern erweitert.

Die Verunsicherung der Biographie in den 70- und 80er Jahren hing mit dem Vormarsch strukturanalytischer Forschung zusammen. Umso interessanter ist es, eine jüngere Äußerung eines der französischen Sozialhistoriker zu hören. Jacques LeGoff schreibt 1990, die Übersättigung durch das Abstrakte habe eine neue Lust auf das Konkrete geweckt, und diese werde durch die Biographie befriedigt[17]. Das Pendel scheint wieder zurückzuschlagen – freilich nicht wieder auf den längst überholten Stand reduktionistisch-anekdotischer Personendarstellung, die in die historische Trivialliteratur abgesunken ist, als vielmehr auf ein Niveau, das der wissenschaftlichen Weiterentwicklung entspricht. LeGoff drückt das so aus: „Präsentation und Deutung eines individuellen Lebens innerhalb der Geschichte. Einer Geschichte freilich, die ihrerseits erhellt wird durch die neuen Konzeptionen der Historiographie“[18].

Auch eine auf eine ganze Epochendarstellung ausgeweitete Biographie hat eine „Handlung“. Deren narrative Linienführung folgt dem Lebenslauf und arbeitet die Besonderheiten dieses Lebens als Höhepunkte heraus. Bei einer politischen Biographie geht es um die Herausarbeitung von lösungsbedürftigen politischen Problemlagen, die mit Hilfe von Konzeptionen und Aktionen, von Entscheidungen und Tendenzen in bestimmter Weise Lösungen zugeführt werden. Darin steckt ein dramatisches Moment, und die Zeitstruktur wird durch eine Art Präzipitation in Richtung auf die Problemlösungen (oder das Scheitern) bestimmt. Der rote Faden, der in der Biographie nie verloren geht und der sie zu einer vergleichsweise leicht lesbaren Gattung macht, besteht darin, daß ein Protagonist, der etwas will und

---

[17] Jacques LeGoff: Wie schreibt man eine Biographie? In: Braudel/Davis/Febrve/Ginzburg/LeGoff/Koselleck/Momigliano (Hrsg.): Der Historiker als Menschenfresser. (Wagenbach) Berlin 1990.

[18] Ebd. S. 103.

etwas bewirkt, im Zentrum eines Geflechts von Fäden steht, die ihn mit der Umwelt verbinden. Zugleich wird der ungegliederte Stoff auf diese Mitte hin geordnet und gebündelt, die Einzelphänomene des historischen Feldes werden ausgewählt und integriert.

Verstricktsein als Leseerfahrung hieße dann: Zum lesenden Teilnehmer einer fremden Welt aus der Sicht einer Zentralperson werden und in das Chaos der Dinge die perspektivische Ordnung des Protagonisten hineineinbringen.

Während die Biographie auch in ihren reflektierteren Darstellungsformen dem Leser den Einstieg in die Geschichte erleichtert, indem sie ihm den zentralen Blickpunkt der Hauptperson zur Übernahme anbietet, fällt diese Möglichkeit bei der Epochendarstellung fort. Diese setzt dem Leser einen größeren Widerstand entgegen, sie ist „schwerer" zu lesen. Was heißt das?

Zwei naturale Begrenzungen, über die die Biographie verfügt, werden in der Epochendarstellung aufgehoben, die perspektivische und die zeitliche. Natural sind diese insofern, als sie sich an gelebtes Leben halten: die Hauptperspektive der Biographie ist die einer bestimmten Person, die Zeitperspektive deckt sich mit deren Lebenszeit. In der Epochendarstellung werden diese Eingrenzungen überschritten, weil hier nacheinander und nebeneinander die Perspektiven sehr vieler Personen eingenommen werden und weil die Zeitbegrenzung sich nicht an das Leben einer Person hält, sondern zumeist eine größere Zeiteinheit, etwa ein Jahrhundert oder ein „Zeitalter", umfaßt, aber auch dann, wenn es sich um kleinere Phasen handelt – etwa die „Epoche des Faschismus"- nicht von Lebenszeitkategorien bestimmt ist. Weitere Leseerschwerungen mögen hinzukommen, wenn außerdem noch die quasi-naturalen Wir-Bezüge fortfallen. Das kann schon dann eintreten, wenn z.B. in Darstellungen der europäischen Geschichte das eigene Volk nur einen geringen Platz einnimmt – bereits in solchem Fall ist es schwer, die vertrauten Ankerplätze für Wir-Identifikationen zu finden. Das kann emotionales Unbehagen oder Unsicherheit bei der Lektüre bedeuten, zumindest bei solchen Lesern, die mit unbewußten Wünschen nach Wir-Bestätigungen an die Geschichte herangehen.

Die besondere Leseschwierigkeit der Epochendarstellung liegt in der Vielzahl und Vielgestaltigkeit der Themenstränge. Um einen Eindruck davon zu geben, greifen wir aus einer Epochendarstellung zwei beliebige Kapitel heraus. Es handelt sich um die Kap. 16 und 18 aus Gerhard Ritters „Neugestaltung Europas im 16. Jahrhundert"[19], einem Werk, das sich durch

[19] Gerhard Ritter: Die Neugestaltung Europas im 16. Jahrhundert. (Druckhaus Tempelhof) Berlin 1950.

eine dichte Verknüpfung sehr zahlreicher Personen, Ideen, Ereignissen und Handlungsabläufen über einen ausgebreiteten Schauplatz hinweg auszeichnet. Es werden folgende Teilthemen behandelt:

Im 16. Kapitel:
Vergleich der deutsch- schweizerischen Reformation mit der lutherischen,
die schweizerischen Kirchengemeinden,
Zwingli als Person
das Verhältnis Zwingli – Luther,
das Verhältnis Zwinglis zu den Humanisten,
Zwinglis Reformation als Reform des öffentlichen Lebens,
der Widerstand der Urkantone,
Einmischung ausländischer Mächte,
die innerdeutsche Lage,
Bildung einer Protestantenpartei im Reich
Einigung des deutsch-schweizerischen Protestantenblocks,
theologische Streitfragen,
Bürgerkrieg, Zwinglis Tod,
Zukunftsausblick.

In Kap. 18 haben wir es zu tun mit den Strängen:
Wesensveränderungen beim älter werdenden Luther,
neue theologische Kontroversen,
zunehmende Bedeutung praktischer Staatsmänner für die Reformation, die Zusammenarbeit in Schmalkalden,
die Bündnisbildung,
die innere Verfassung des Schmalkaldischen Bundes,
die Rückgewinnung Württembergs durch die Protestanten,
die Schwärmerbewegung.

Die hier genannten Stränge und Fäden stellen insgesamt nur einen Bruchteil des gesamten thematischen Gefüges dar, sie mögen aber genügen, um zu zeigen, in welche hohen Maße hier die Kombinations- und Synthesenaktivität des Lesers gefordert wird, wenn er die Einzelmomente zu einem Gesamtbild vereinigen will.

Die einzelnen Handlungsbögen haben keine gemeinsame Zeitstruktur, manche stellen eine erzählte Zeit von wenigen Monaten, andere von Jahren dar. Unablässig wechseln die Subjekte, manchmal ist es für einige Absätze lang eine Person wie Zwingli oder Luther, dann wieder ein kollektives (die Kirche) oder ein abstraktes Subjekt (Gegensätze der Theologie). Der Leser muß einer Vielzahl von Handlungssträngen folgen, von denen keiner eindeutig im Mittelpunkt steht und die auch nur selten einen eindeutig zu bestimmenden Anfang und noch weniger einen deutlichen Schluß haben, sondern in andere Stränge einmünden, unwichtig werden und verrinnen oder sich in etwas Neues verwandeln. Mit den verschiedenen Subjekten verbunden sind die verschiedenen Blickpunkte und Perspektiven auf das Gesamtgeschehen, das sich überhaupt erst aus der Durchdringung dieser Gesichtspunkte ergibt. Die Strukturierungsleistung des Lesers wird ungleich stärker beansprucht als bei der einfacher angelegten Biographie. Gleichzeitig wird die emotionale Identifikation des Lesers mit bestimmten Personen oder Richtungen zum mindesten erschwert, und zwar einfach durch die Vielzahl der gegeneinander abzuwägenden Gesichtspunkte wie auch durch die Knappheit der Darstellung der Personen, die als „lebendige Menschen" kaum Profil erhalten und es dem Leser schwer machen, sich emotional in ihnen einzurichten. Die Binnenstruktur gerade der historischen Epochendarstellung ist gekennzeichnet durch die Abfolge zahlreicher Perspektiven. Jede handelnde Person, jede Machtgruppe, hat ihren eigenen Blick auf die jeweiligen anderen Positionen und den Gesamthorizont der Zeit. So tritt der Leser in Ritters Werk nacheinander in die Perspektiven Englands, Frankreichs, Spaniens, Italiens ein, um dann in die politischen und sozialen Spannungen in Deutschland und in die Reformation Luthers eingeführt zu werden. Das Gesamtbild, das sich im Leserbewußtsein entwickelt, besteht nicht einfach aus einer Addition von Einzelperspektiven. Wenn sich der Leser im Lesevorgang durch die verschiedenen Perspektiven hindurchbewegt, so ist die Perspektive, in der er gerade „ruht", durch alle vorhergehenden Perspektiven mitbestimmt, und zwar unabhängig davon, ob sich die unterschiedlichen Handlungsstränge – die ja Konstrukte sind – in der damaligen historischen Wirklichkeit gegenseitig pragmatisch beeinflußt haben oder nicht. So ist im genannten Werk Luther vor dem Reichstag in Worms aufgrund der vorhergehenden Perspektiven eingelagert in ein Problemfeld, das bestimmt wird von der besonderen Reichs- und Hausmachtpolitik Karls V., der Situation der deutschen Fürsten und kurialer Interessen. Das heißt: durch die vorhergehenden Perspektiven wird angelegt, daß die Reformation nur als ein europäisches Ereignis verstanden werden kann – ein Gedanke, der Luther und den übrigen Protagonisten selbst zunächst fremd war. Der Leser wird in das Zusammenwirken der Perspektiven „eingeschachtelt", wie Iser diese Rezeptionseigentümlichkeit nennt[20], wobei jede perspektivische Position bestimmt ist durch die vorhergehenden Perspektiven. Dadurch wächst der einzelnen Perspektive etwas zu, „ was sie selbst in ihrer Gegebenheit nicht besitzt"[21]. Wenn der Geschichtsschreiber außerdem noch

---

[20] Iser. S. 165.
[21] Ebd. S. 168.

in „eigener“ Perspektive, z.B. in zusammenfassenden oder reflektierenden Abschnitten, erläuternd und interpretierend hinzutritt, so werden davon natürlich ebenfalls die folgenden Perspektiven beeinflußt. Charakterisiert Gerhart Ritter z.B. schon am Anfang seines Werkes die politische Entwicklung im Reich mit dem Akzent, daß ein nationaler Machtstaat modernen Zuschnitts nicht zustande gekommen sei, so beeinflußt dies auch die folgenden Perspektiven, bringt sie in eine bestimmte Beleuchtung und steuert sogar ihre Selektion. Auf diese Weise geraten alle Textteile eines historischen Werkes in ein Interaktionsverhältnis. Der Leser, der das Buch gelesen hat, hat das 16. Jahrhundert als ein System von Interaktionsverhältnissen kennengelernt. Dies aber ist eine Eigenart des Lesens bzw. des Bewußtseinsprozesses, der sich beim Lesen abspielt. Keineswegs ist es eine Eigenart erlebter Wirklichkeit – die Handlungssegmente aus der Geschichte des 16. Jahrhunderts haben für keinen einzigen Zeitgenossen in einem derartigen Interaktions-, vermutlich nicht einmal in einem entsprechenden Wahrnehmungsverhältnis gestanden. Insofern gilt, daß der Leser von heute immer mehr weiß als der Zeitgenosse von gestern. Aber er weiß auch weniger, insofern seine Kenntnisse den Charakter von Stückwerk und nicht den eines dichten Lebenshintergrunds haben.

Für diesen Typ der narrativen Linienführung bietet sich der Ausdruck „unregelmäßiges Flechtwerk“ an, umso mehr, als nicht nur die Haupt- und Unterkapitel nach diesem Muster angelegt sind, sondern auch der einzelne Absatz, oft genug der einzelne Satz. Um auch dies an einem kleinen Beispiel zu zeigen, greife ich wieder willkürlich einen Abschnitt heraus:

„Merkwürdig passiv haben die habsburgischen Brüder den Verlust Württembergs, dieses wichtigen Verbindungsstückes zwischen Tirol und den vorderösterreichischen Ländern, hingenommen. Aber Ferdinand war dauernd durch den Kampf mit Zapolya, den Türken und den böhmischen Ständen gefesselt und froh über jede Unterstützung, die er von protestantischer Seite erfuhr. Und der Kaiser hatte sich wenige Wochen nach dem Nürnberger Anstand nach Italien begeben. Noch einmal, wie schon im vorigen Jahrzehnt, blieb er neuen Jahre lang dem Reiche fern.“[22].

Selbst in dieser kurzen Passage sind eine ganze Reihe kleiner und kleinster Themenfäden vorzufinden, und in jedem Teilthema stecken Rückverweisungen oder Vorausdeutungen. Der Leser wird fortwährend hin und hergeschickt. Damit soll nicht gesagt sein, daß dies etwas Ungewöhnliches wäre für historische Lektüre, es ist vielmehr die Normalkost des Lesers historischer Werke. Kennzeichnend ist, daß sich der Leser auf einem unab-

---

[22] Ritter (Anm. 19) S. 141.

lässigen Marsch durch eine sehr große Zahl rasch wechselnder Blickpunktkonstellationen befindet. Die Vielzahl, die unterschiedliche Wertigkeit, die Über- und Unterordnung der Gesichtspunkte werden von keiner äußeren Systematik gesteuert und können nur aus ihrer eigenen Bedeutsamkeit verstanden werden. Das fordert die Integrationsaktiviät des Lesers in hohem Maße heraus. Um nicht in der Vielzahl der Einzelmomente, die zur Sprache kommen, unterzugehen – oder diese Einzelmomente sogleich wieder zu vergessen –, ist er gezwungen, sie immer wieder zur Synthese zu bringen. Solche Zusammenfassungen sind aber nur auf einer höheren Abstraktionsebene möglich. Viele Einzelmomente schließen sich zusammen unter dem Gesichtspunkt „Reformation", andere unter „Neuordnung der Staatenwelt", wieder andere unter „Wandlungen des geistigen Lebens" usw. Das Lesen zwingt mithin den Leser zur Abstraktion in der für die Historie grundlegenden Form: im Durchgang durch das Geflecht vieler verschiedener, konkreter Erscheinungen.

Die Frage nach dem besonderen Modus des Verstricktseins des Lesers ist bei Epochendarstellungen nicht einfach zu beantworten. Wegen des raschen Wechsels der Blickpunkte und des Zurücktretens der Einzelperson bietet sich die Epochendarstellung nicht als Ankerplatz für Gefühle an, wie das bei einer Biographie auch noch dann, wenn sie kühl und distanziert geschrieben ist, möglich ist. Der Leser ist mit dem Verknüpfen von Handlungssträngen und dem Abschätzen und Einordnen von Wirkungen beschäftigt. Man mag sich fragen, ob man diese Art des Involviertseins als Verstrickung in Geschichte bezeichnen soll. Ich neige dazu, diese Frage zu bejahen, weil es sich hier um eine für die Bemühung um Geschichte charakteristische Aktivität handelt, die wir in dieser Form in der Fiktionsliteratur gerade nicht haben. Es handelt sich um ein anderes Verstricktsein als das in eine spannende Handlung. Es ist nicht ein geschlossener plot, der den Leser in sich hineinzieht, sondern ein Prozeß dauernden Eintauchens, Wiederauftauchens und Sich-Orientierens, mit dem seine Imaginationskraft beschäftigt ist. Das wichtigste Konstituens des Verstrickteins, das Aufgeben der Alltagsgegenwart zugunsten einer zweiten, in der Vergangenheit liegenden und durch den Leseakt momentan aktualisierten Gegenwart, liegt dem als Voraussetzung zugrunde.

Die Art der lesenden Verarbeitung von Epochendarstellungen, nämlich der spezielle Weg zur historischen Abstraktion durch das Flechtwerk der konkreten Einzelmomente, ist auch für den Didaktiker von besonderem Interesse. Personen, die der hermeneutischen Verflechtung vieler – systematisch nicht zu erfassender – Einzelmomente nicht folgen können, werden nicht nur Schwierigkeiten mit Epochendarstellungen haben, sondern werden auch die Erfahrung des hier beschriebenen Typs des Verstricktseins nicht machen können. Es ist ein Verstricktsein, das mehr auf der Erkenntnisebene als auf der Handlungsebene abläuft, die Handlung aber als Voraussetzung für die Erkenntnis benötigt. Auf Erkenntnisebene verstrickt zu werden, setzt im Rezipienten die Beherrschung vieler verborgener kognitiver Operationen der Abstraktionsfähigkeit voraus. Wer diese Operationen nie eingeübt und vollzogen hat, wird nicht nur Schwierigkeiten haben, Geschichte zu verstehen, wenn sie sich aus einem engen, übersichtlichen Rahmen hinausbewegt, er wird vermutlich überhaupt dazu neigen, in seiner pragmatischen Alltagswelt festgebacken zu bleiben.

Der *Essay* ist im Spektrum historiographischer Gattungen am weitesten von konkreter Handlungsnachzeichnung entfernt. Historische Essays haben begrenzte Themen zum Gegenstand, die, reflektierend hin und her gewendet und durch konkrete Einzelheiten belebt, überraschende, über das engere Thema hinausgreifende Einsichten ermöglichen. So kann eine Epoche neu beleuchtet oder in ein neues Verhältnis zur Gegenwart gesetzt werden. Der Essay setzt die Kenntnis der Ereignisse in den Hauptzügen voraus, er ist keine Gattung für Anfänger. Dies bedeutet nicht unbedingt Verzicht auf anschauliche Einzelheiten, im Gegenteil: gute Essayisten werden auch auf dieser Ebene überraschende und genaue Details zu Tage fördern. Im Mittelpunkt stehen aber die Reflexionen über die Zusammenhänge, die Wertungen und Konsequenzen. Eine bestimmte narrative Linienführung ist charakteristisch: eine Transzendierungsbewegung. Die engere Problematik des Essays wird in Richtung auf Grundprobleme oder Grunderkenntnisse der Geschichte oder des Lebens ausgeweitet. Das Thema wird dabei nicht eigentlich verlassen, es wird durchsichtig gemacht. Insofern ist Essayistik Gedankenprosa. Von den historischen Darstellungstypen ist die Essaystik am engsten der Kunst benachbart.

Gerade dies macht unsere Frage nach der erzählerischen Linienführung kompliziert. Wie sieht es mit dem Verstricktwerden des Lesers in den Text aus? Gerade weil der Essay die Kenntnis der Realgeschichte im wesentlichen voraussetzt und damit auf das Nachzeichnen der Handlungsstränge verzichtet, kann der Leser auch nicht mehr „in Handlung" verstrickt werden. Handlung ist allenfalls noch in Bruchstücken anzutreffen. Dem Essay fehlt die wandernde Gegenwart auf dem Scheitelpunkt zwischen einer (Erzähl-) Vergangenheit und Zukunft, im Grunde erzählt er nicht.

Wenn wir somit beim Essay zögern, von einem „Verstricktsein in eine Geschichte" zu sprechen, so bleibt doch die Frage bestehen, ob wir beim Lesen eines Essays nicht doch eine Neugier, eine Spannung, also auch eine Art von Hineingezogenwerden in das verspüren, was abgehandelt wird.

Offenkundig wechseln wir beim Lesen eines Essay nicht einfach die Gegenwartsebenen aus. Wenn wir einen Essay, sagen wir, über das 16. Jahrhundert lesen – und ich greife als Beispiel einmal Heimpels „Luthers weltgeschichtliche Bedeutung“ von 1946 heraus – so treten wir nicht für die Zeitspanne des Lesens in das 16. Jahrhundert ein und tauchen auch nicht später wieder in unsere Alltagsgegenwart auf, sondern wir bleiben in unserer Gegenwart, genauer gesagt: wir erheben uns ein Stück über beide Gegenwarten, indem wir sie zum Gegenstand unseres Nachdenkens machen, und zwar von einem übergeordneten Standpunkt aus, ohne den ein Nachdenken „über ...“ nicht möglich ist.

Im genannten Essay von Heimpel – um bei diesem Beispiel zu bleiben – geschieht dies in mehreren narrativen Bewegungen, die man als „Anlauf und Absprung“ bezeichnen könnte. Nach einer einleitenden Darstellung des Grunderlebnisses stellt Heimpel die Frage:

„Wie kam Luther aus seiner einsamen Gewissensfrage zur weltgeschichtlichen Bedeutung?“ und gibt folgende Antwort:

„Wir nähern uns der Antwort mit einer allgemeinen Beobachtung, die wir versucht sind, zum historischen Gesetze zu erheben: der Einzelne wirkt in die Breite, die Bewegung des Herzens wird zu einer Bewegung der Massen durch den Haß. Das Helle bemächtigt sich des Dumpfen, nicht ohne von ihm Überwältigung zu erfahren; ein edler Funke schlägt in einen trüben Zündstoff, nicht ohne daß im Feuer das Edle sich läutere. Der Geist tauchte in die Bedürfnisse, in die Wünsche, in die Begierden der Vielen ein, und die Vielen ließen sich doch adeln zu einer neuen Sittlichkeit“[23]. Es kommt hier nicht auf die Sprache an, die in ihrer Metaphorik deutlich die Züge der Zeit trägt, und auch nicht auf die Gültigkeit der Interpretation selbst, sondern auf die Gedankenbewegung: Es findet ein Absprung ins Allgemeine statt. Die Ebene der Reformation wird zwar noch nicht verlassen, aber sie wird in einer Weise gedeutet, die weit mehr als das Reformationsgeschehen umfaßt und sogar so weit geht, ein historisches Gesetz zu formulieren.

Ein weiterer Anlauf und Absprung findet Ausdruck in folgenden Sätzen Heimpels: „Von Luther geht der Weg zu Bismarcks Ablehnung des Krieges als einer Strafmaßnahme und damit zur Idee der Realpolitik. Im englischen und amerikanischen Geist dagegen marschieren moderne Kreuzfahrer, christliche Soldaten, gegen einen Gegner, der durch den Krieg gestraft und nach dem Krieg erzogen wird. Der Nürnberger Prozeß senkt seine Wurzeln hinab in das sechzehnte Jahrhundert“[24]. Hier tritt uns die generalisierende Linienführung in Form einer Vergegenwärtigung und aktuellen Nutzan-

---

[23] Hermann Heimpel, in: Der Mensch in seiner Gegenwart. Acht historische Essays. 2. erw. Aufl. (Vandenhoek und Ruprecht) Göttingen 1957, S. 143.

[24] Ebd. S. 157.

wendung entgegen. Die Aussage ist deutlich als Stellungnahme zu einem bedrängenden Gegenwartsproblem jener Jahre gedacht.

Ein dritte Form von Anlauf und Absprung, gleichzeitig eine Steigerung auf die höchste Ebene der Generalisierung, ist wenige Seiten später zu finden: „So hat sich Luthers Spache verweltlicht, wie sich sein Werk verweltlicht hat, ... ‚Und das Licht scheinet in der Finsternis': man muß kein Christ sein, um Wahrheit und Schönheit dieses Satzes mit einem eisigen Schauer zu begreifen. Aber die Worte haben die Kraft, den Menschen aus der Welt in die heilige Wirklichkeit zurückzurufen, aus der sie einst gesprochen und einst übersetzt worden sind. In dem Satz ist ein Trost, und solange solche lutherischen Sätze in der Sprache leben, bleibt unverloren, wenn auch nicht unvergessen, daß das blinkende Nachtlicht ein Gleichnis ist wie die Weltgeschichte selbst"[25]. Nicht nur das Thema Luther wird zurückgelassen, sondern auch das Thema Weltgeschichte. Ein höherer Ort wird angestrebt – ob wir ihn metahistorisch, metaphysisch, religiös oder symbolhaft nennen, tut wenig zur Sache. Es kommt dem Autor auf die übergreifende, zusammenfassende Erkenntnis an, die in diesem Fall als eine letzte Erkenntnis angelegt ist. Um als Leser diese Erkenntnis nachzuvollziehen, bedarf es nicht nur kognitiver Operationen, die auf der Ebene der Kenntnisse und Begriffe liegen, sondern auch imaginativer – die Vorstellungskraft muß Fernstes miteinander verbinden – und emotionaler, damit die Gleichniskraft der Sätze auf fruchtbaren Boden fällt.

Anstelle einer Weiterbewegung des Leserbewußtseins in einer rollenden Gegenwart kann man hier eher von einer Weiterbewegung des Leserbewußtseins in einer aufsteigenden Erkenntnisfolge sprechen. Der Leser wird schrittweise zu neuen Erkenntnissen weitergeleitet, die sich in unserm Beispiel als Generalisierungsschritte aus einer bestimmten Thematik der Realgeschichte in allgemeine Aussagen über den Menschen in dieser Welt darstellen. In anderen Essays sind die Inhalte anders gelagert, die thematranszendierende Momente aber immer anzutreffen, während historische Texte des darstellenden Typs solche letzten Aussagen in der Regel vermeiden.

Genau in dieser Linienführung kann man aber eine Variante des Verstrikkungsbegriffs erkennen. Deshalb braucht man den Begriff des Verstricktseins für den historischen Essay nicht aufzugeben, sondern lediglich zu erweitern. Der Essay ist eben keine beliebige Zusammenstellung von wissenschaftlichen Ergebnissen. Die könnte man sich schneller verschaffen, wenn man eine Zusammenstellung von Interpretationen oder einen guten

---

25 Ebd. S. 161.

Literaturbericht läse – Erkenntniszugewinn hätte man dann auch. Literaturberichte haben gerade kein emplotment. Was im Essay grundsätzlich anders ist, ist die Art und Weise, wie das Leser-Ich in den Text einbezogen wird. Die Transzendierungsbewegung aus dem engeren Thema heraus ist, unter dem Gesichtspunkt der Leserrolle betrachtet, nichts anderes als eine Bewegung zur stärkeren Einbeziehung des Lesers in die Thematik. Aus der Auseinandersetzung mit der Sache entwickelt sich das Verhältnis des Ich zur Geschichte – dies ist der Sinn der Generalisierungen. Der Leser, für den die Menschen und ihre Probleme im 16. Jahrhundert – um im Beispiel zu bleiben – zunächst etwas Fremdes sein mögen, wird durch die Linienführung des Essays mit ihren schrittweisen Absprüngen und Generalisierungen in einen Zusammenhang mit diesem fernen Thema einbezogen. Wenn er erkennt, daß er selbst (oder die eigene Gruppe oder die eigene Gegenwart) womöglich ein anderer wäre ohne die dargestellten historischen Wirkungen, hat er erfahren, daß er ein geschichtliches Wesen ist. Auch das ist eine Verstrickungserfahrung.

5. Impulse für historische Imagination in der Geschichtsschreibung

Es ist vorauszuschicken: Historiographische Werke werden nicht geschrieben, um die Phantasie anzuregen, nicht einmal, um Zugänge zur Geschichte für den „Normalleser" zu schaffen. Die Leser, an die sie sich richten, sind in der Regel neben den Fachgenossen die an der Geschichte interessierten Laien, die bereits Vorkenntnisse mitbringen. Eine Kritik der Geschichtsschreibung, die darauf hinausliefe, die schreibende Zunft der Universitätshistoriker müsse lebendiger und verständlicher schreiben, würde zwar wohlfeilen Beifall finden – denn wünschenswert wäre dies allemal –, müßte sich aber fragen lassen, ob sie nicht das Sekundäre mit dem Primären verwechsle – und das Primäre ist und bleibt immer noch die präzise Darstellung von Forschungsergebnissen, ihre Zusammenfassung und Interpretation. Auch schwer zugängliche, den Leser geradezu zurückstoßende Texte können – sie müssen nicht! – als Mitteilung von Forschungsergebnissen ihren Wert haben. Der Gesichtspunkt der darstellerischen Lebendigkeit ist nicht der höchste zur Beurteilung des Ranges von Geschichtsschreibung[1].

Dennoch ist die Frage nach der Lebendigkeit historischer Darstellungen alles andere als gleichgültig. Als dringlich erweist sie sich bereits wegen des wachsenden Spannungsverhältnisses von wissenschaftlicher Spezialisierung und öffentlicher Aufgabe der Geschichtswissenschaft. Die Spezialisierung ist ein unausweichlicher Prozeß, der im Laufe einer langen Wissenschaftsentwicklung zu einer immer weiter gehenden Ausdifferenzierung von Forschungsfeldern geführt hat und häufig Hand in Hand mit einer zunehmenden Abstraktion der Deutungen und damit der sprachlichen Form geht. Dadurch werden Zugänge für Nichtfachleute erschwert.

Andererseits besteht die öffentliche Aufgabe der Geschichtswissenschaft darin, Antworten auf die Frage nach der in der Geschichte gewordenen Identität einer Gemeinschaft zu geben. Wenn diese Frage nur in der Weise beantwortet werden kann, indem man ihre Geschichte erzählt (Ricoeur), so

---

[1] Vgl. Jörn Rüsen: Rekonstruktion der Vergangenheit. (Vandenhoek und Ruprecht) Göttingen 1968. S. 148 ff. und
– ders.: Zeit und Sinn. (Fischer TB 7435) Frankfurt a.M 1990, S. 114 – 117.

ist die Geschichtswissenschaft durch keine andere Instanz von der Aufgabe zu entbinden, die Selbsterforschung der Gemeinschaft zu betreiben. Der Adressat dieser Antwort ist dann aber nicht die Fachgenossenschaft, sondern das soziale Kollektiv als historische Gemeinschaft. Dann muß dieses Kollektiv auch sprachlich erreicht werden, und eben dies ist nicht möglich mit der spezialisierten Fachsprache, auch dann nicht, wenn man bedenkt, daß sich in der Geschichtswissenschaft eine eigene Fachsprache längst nicht in dem Maße herausgebidet hat wie in vielen anderen Disziplinen.

Damit gesellt sich eine zweite wichtige Aufgabe zur Forschung hinzu. Aber auch im Bereich des öffentlichen Auftrags der Geschichtswissenschaft gibt es längst Spezialisierungen und Domänenaufteilungen. Die Vermittlung für den Adressatenkreis „Schüler" ist Sache der Geschichtsdidaktik. Die Vermittlungsarbeit des Geschichtslehrers steht unter der besonderen Bedingung, dem Lernen des Schülers zu dienen, also für eine geregelte Zunahme seiner historischen Kenntnisse, seines Verständnisses und seiner Fertigkeiten zu sorgen. Daraus ergibt sich eine enge Bindung an die Geschichtswissenschaft, zugleich aber auch die Notwendigkeit, die Geschichte überhaupt erst einmal in den Horizont von Kindern und Jugendlichen zu bringen, und dies macht wiederum einen besonderen Umgang mit den anschaulichen und vorstellbaren Momenten der Geschichte erforderlich.

Für das breite Laienpublikum, das neben der Belehrung vor allem die Unterhaltung schätzt, hat sich eine Spezies populärhistorischer[2] Autoren und Fernsehmitarbeiter herausgebildet, zumeist aus Journalisten bestehend, die die Kunst der leserwirksamen Erschließung und Aufbereitung von Geschichte beherrschen. Ihre Fähigkeit besteht darin, den Dolmetsch zwischen dem Fachverstand und einem breiteren Publikumsinteresse zu spielen. Zwei Kompetenzen sind hier vor allem vonnöten: ein Sinn für Themen, die eine größere Öffentlichkeit ansprechen, und die Beherrschung einer geeigneten Sprache. Beim Fernsehen kommt noch die Visualisierung hinzu.

Wir bezeichnen die Aufgaben des Historikers, die die Vorstellungsfähigkeit berühren, mit dem von Paul Ricoeur übernommen Begriff der Refiguration[3]. Er ist sprachlich abgeleitet von se figurer = sich vorstellen, meint aber darüber hinaus die geistige Neugestaltung einer nicht mehr vorhandenen, weil vergangenen Welt.

---

2 Das Wort ist mißverständlich, weil ein abschätziger Unterton darin vernehmbar ist. Gemeint sind einfach Autoren, die nicht selbst in der Forschung tätig sind und für ein breites Publikum schreiben.

3 Paul Ricoeur (Kap. Einleitung, Anm.7) Bd. I. S. 122 und Bd. III. S. 299.

Im folgenden Kapitel gehen wir den Imaginationsimpulsen nach. Damit ist gemeint: Texte geben Anstöße verschiedener Intensität und legen Pfade für den Leser, damit er sich in die Geschichte hineinbegibt, was nichts anderes heißt, als im Leseakt in die Vergangenheit einzutreten. „Eine Geschichte mitvollziehen, heißt, sie lesend zu aktualiseren“[4].

In der Geschichtsschreibung haben die verschiedenen Gattungen auch verschiedene Intentionen und oft auch verschiedene Adressaten. Es gibt Gattungen, die sich ausschließlich an die engere Fachkollegenschaft wenden, dazu gehören Spezialuntersuchungen, Forschungsberichte, Aufsätze in Fachzeitschriften, Rezensionen usw. In die breitere Öffentlichkeit dringen eher Gesamtdarstellungen, Biographien, Essays oder Diskussionsbeiträge zu allgemein interessierenden Fragen. Der Gattungsgesichtspunkt gibt aber nur erste Annäherungswerte für die Frage, welche historischen Bücher die Schwelle zur breiteren Öffentlichkeit überwinden. Ein anderes Moment, das es leicht macht, diese Schwelle zu überwinden, kann in der Person des Autors liegen. Hat er bereits einen gewissen Bekanntheitsgrad erworben, löst sein Name ein Signal aus; der Weg in die Öffentlichkeit ist dann geebnet. Die Inhalte spielen aber womöglich eine größere Rolle als die Gattungen und die Autoren. Zweifellos gibt es Themen, für die im öffentlichen Interesse schon vorweg Pfade gelegt sind. Dazu gehört alles, was ein Aktualitätsinteresse befriedigt, vor allem, wenn es sich um gegenwärtige politische Konflikte mit ungewissem Ausgang handelt. Darüber hinaus scheint es eine Art naiver Reiz- oder Neugierwirkung zu geben, die von bestimmten Themen ausgeht. Solche naiven Faszinationen gelten als didaktisch unseriös, deshalb ist auch in der Fachliteratur nie die Rede von ihnen. Auf sie soll im folgenden kurz eingegangen werden (Kap. 5.1). Dabei stoßen wir wieder auf das schon berührte Thema, welche Art von Spannung es ist, die unsere Neugier fesselt (Kap. 5.2). Die moderne Sozialgeschichte mit ihren Zeitabläufen langer Dauer läßt die Frage entstehen, ob denn auch in der Strukturgeschichte so etwas wie Spannung liegen kann (Kap. 5.3). Hier soll auf einige interessante Versuche französischer Historiker aufmerksam gemacht werden, neue Wege der Gestaltung zu finden. Es soll ferner auf einige Ansätze eingegangen werden, das konventionelle Verhältnis Autor – Leser zu verändern (Kap. 5.4), und schließlich wird noch, wenigstens an einem Beispiel, die Rolle der Sprache für die Erweckung von Imaginationsimpulsen untersucht (Kap. 5.5).

Welches also sind die Signale in Inhalt, Struktur und Sprache historischer Darstellungen, die zu einem Mitvollzug auffordern?

---

[4] Ebd. Bd. I, S. 121.

5.1. Naive thematische Reize

Bestimmte Themen lösen bereits als Titelstichwort einen Lesereiz aus. Sie setzen eine Art spontaner Neugier in Gang und üben einen Impuls auf die Imaginationskraft des Lesers aus. Nun mag dies stark vom Interesse des individuellen Lesers abhängen, doch ein Blick auf das Verlagsangebot historischer Bücher – diese hier in einem weiten, die Fachwissenschaft überschreitenden Sinn verstanden – läßt generalisierbare Züge erkennen.

Ich führe Buchtitel (ohne Verfassernamen, weil diese in unserm Zusammenhang unwichtig sind,) aus der Produktion der letzten Jahre in den bekannten Taschenbuchverlagen an, in denen ich solche thematischen Reize – oder eben auch die Inszenierung solcher Reize – zu erkennen glaube:

„Bettler und Gaukler, Dirnen und Henker"
„Helden, Schurken und Narren"
„Hexenhammer. Vom Laster der Zauberei."
„Herrenhaus und Sklavenhütte"
„Wir, Engel und Bestien. Ein Bericht über den Vietnamkrieg."
„Die Kinder von Vietnam"
„War Karl der Kahle wirklich kahl?"
„Niemand hat Kolumbus ausgelacht"
„Die Freundin des Kaisers"
„Ich war der Kaiser von China"
„Verbrecher, Strafen und soziale Kontrolle"
„Frauen vor Gericht. Kindsmord in der frühen Neuzeit"
„Hexenwelten"
„Verschwörer"
„Betrogene Kinder. Eine Sozialgeschichte der Kindheit."
„Ich wollt', ich wäre nie geboren"
„Kindheit im Kaiserreich"
„Barbaren, Ketzer und Artisten"
„Im Dunst aus Bier, Rauch und Volk. Arbeit und Leben in München 1840 – 1945"
„Die Treppe zur Hölle. Im KZ Drancy"
„Man sollte es nicht für möglich halten. Unglaubliches aus der Weltgeschichte"

Die Titel sind auf bestimmte Reizworte abgestellt, die nur-sachlichen Kennzeichnungen werden häufig in den Untertitel verlegt. Die Reizwörter der Titel geben erste Hinweise auf die angestrebte Wirkung. Es sind mehrere Muster zu erkennen:

- Die einfache Personenzentrierung (Harun al Raschid; Ich war der Kaiser von China)
- Die Dichotomisierung (Helden – Narren; Engel – Bestien, Dirnen – Henker),
- Das Infragestellen geläufiger (oder vermeintlich geläufiger) Ansichten (Niemand hat Kolumbus ausgelacht; War Karl der Kahle wirklich kahl?)
- Das Kind – Muster (Die Kinder von Vietnam; Kindheit im Kaiserreich)

Es geht offenkundig darum, Geschichte in den Vorstellungsbereich des Lesers hineinzuholen. Dabei lassen sich zwei Grundlinien der Titelgebung und Themenauswahl erkennen. Die erste richtet sich auf das Außerordentliche, die andere auf das affektiv Nahe. Das Außerordentliche übt einen Imaginationsimpuls aus, weil es neugierig und wißbegierig macht, das affektiv Nahe erleichtert die innere Teilnahme und bezieht so den Leser in die Geschichte ein.

Die Bevorzugung des Außerordentlichen führt, wenn man sie auf historische Personen bezieht, in der Anhäufung zu einer merkwürdigen Vorliebe:

- Der Außenseiter wiegt mehr als der Konforme
- Der Wagemutige wiegt mehr als der Zurückhaltende
- Der Hochstehende wiegt mehr als der Massenmensch
- Der Dramatische wiegt mehr als der Unauffällige
- Das extreme Naturell wiegt mehr als der Durchschnittliche
- Der Täter wiegt mehr als das Opfer

Bezogen auf Ereignisse, kann man eine ähnliche Beobachtung machen:

- Der Sonderfall wiegt mehr als der Normalfall
- Die Katastrophe wiegt mehr als Ereignislosigkeit
- Die plötzliche Wendung wiegt mehr als die gerade Linienführung
- Dramatik wiegt mehr als ruhige Entwicklung
- Buntheit wiegt mehr als Grau

Man kann die Vielfalt der Impulse auf eine einfache Formel bringen: Das Bewegte wirkt stärker als das Unbewegte. Welch eine entscheidende Vorauswahl aus der Fülle historischer Momente damit getroffen ist, liegt auf der Hand, mehr noch, hier werden Umrisse eines Geschichtsbilds sichtbar, das starke Schlagseite hat.

Journalisten haben für diese Art der Titelgebung und Themenauswahl schon berufsmäßig einen wachen Sinn, was nicht heißt, daß sich Historiker auf diesem Feld abstinent verhielten. Einige der oben aufgeführten Taschenbücher sind von namhaften Historikern verfaßt. Allerdings darf man nicht übersehen, daß Historiker in der Regel gegenüber journalistischen

Praktiken mißtrauisch sind, zumal sie wissen, daß in solchen Themen „abgesunkenes Kulturgut“ in Form von Resten älterer, inzwischen überwundener Richtungen der Geschichtsschreibung liegt: Heroisierende Geschichtsschreibung und Hofberichterstattung, Geschichte als Schicksalstragödie, als Feld großer Tugenden und Vorbilder oder auch Laster und Bösewichter, die Buntheit der Geschichte als scheinbares Heilmittel gegen die Gleichmacherei des Industriezeitalters. Gerade hinter solch pointierten Titeln wie „Helden, Schurken und Narren“ sind ja verborgene, aber weit verbreitete Bedürfnisse spürbar, der Anonymität und Gleichförmigkeit der Gegenwart kräftige und farbige Gegenbilder entgegenzuhalten.

In einem nur scheinbaren Gegensatz dazu steht der auf das Nahe und Einfühlsame gerichtete Thementypus. Dazu gehören nicht nur die „Kind“-Themen, sondern auch die „biologienahen“ Themen aus der anthropologischen Geschichtsschreibung: Geschlechterbeziehung, Alter, Tod, Vater-Mutter – Kind – Verhältnis und damit verwandte sozialhistorische Themen, die vom Leser affektiv leicht zu erreichen sind: Geschichte der Familie, der Dienstmägde und Knechte u. dergl. Nicht weit davon entfernt ist eine Reihe typischer Themen der Alltagsgeschichte anzusiedeln: Geschichte der Wohnformen und Wohnungen, Lebensläufe einfacher Menschen u.ä.. Wir fassen sie trotz ihrer Verschiedenheit zusammen, weil sie eine Gemeinsamkeit haben: Es braucht keine Fallhöhe zum Außerordentlichen mehr überwunden zu werden, um in die Geschichte einzutreten. Der Leser, der sein alltägliches Leben lebt, ist immer schon mitten in der Geschichte. Insofern ermöglicht auch dieser Thementyp, nur auf andere Weise, einen leichten Zugang zur Geschichte.

Im Zusammenhang mit den Stichwörtern „Fallhöhe zum Außerordentlichen“ und „leichten Zugang schaffen“ verdient die historische (Populär-) Biographie noch einmal Erwähnung. Ein Blick auf die Auslage fast jeder Buchhandlung bestätigt, daß historische Biographien zu einem der beliebtesten Lesestoffe für ein breites Publikum gehören. Meist sind die Helden dieser Romane bedeutende historische Persönlichkeiten oder mindestens dem Adel zugehörig, also von unserer erlebten Alltagswirklichkeit her gerade nicht ohne weiteres zugänglich. Trotzdem werden diese Bücher nicht wegen ihrer Fremdheit und sozialen Entfernung als schwierig empfunden, sondern sind offenkundig leicht zu lesen. Woran liegt das? Die Biographie hat, wie im vorigen Kapitel skizziert, den Vorteil, sich auf ein Vorverständnis stützen zu können, das jedem, auch dem historisch wenig Interessierten, vollkommen geläufig ist: Biographien folgen dem Grundmuster von Kindheit, Jugend, Erwachsensein und Alter mit den zugehörigen menschlichen Problemen und der Bewältigung von Lebensaufgaben.

So kann die Vertrautheit mit dem historischen Gegenstand schnell hergestellt werden. Deshalb schließen sich in der Biographie historische Fallhöhe und Vertrautheitsempfindung gerade nicht aus. Dies wird oft übersehen. Allerdings wäre zu fragen, ob die Vertrautheitsempfindung nicht oft genug allzu illusionär ist.

Ein dritter Typ inhaltlicher Reizwirkung, der in der populärhistorischen Literatur häufig vorkommt, bedient sich mit Vorliebe des Geheimnis- oder Rätsel-Motivs. Ein Meister dieses Motivs war der bereits erwähnte Ceram. Der Imaginationsanreiz der Wörter Geheimnis oder Rätsel richtet sich auf Enthüllung. Historische Darstellungen dieser Art werden damit Enthüllungsbücher. Das Geheimnis muß am Anfang erst aufgebaut werden. Bei Ceram liegt es meist in der Rätselhaftigkeit einer Überlieferung, einer Ruine, eines Textes. Daraus läßt sich eine zielgerichtete Handlung entwickeln, die mit dem Aufdeckungsakt selbst ihren Höhepunkt und ihr Ende erreicht. Insofern steckt in diesem Motiv über das inhaltliche Neugiermotiv hinaus auch schon eine in nuce vorgezeichnete plot-Struktur.Die Parallelen zum Kriminalroman liegen auf der Hand[5]. Bei den sog. Sachbüchern zur Geschichte, noch mehr bei den Jugendbüchern, hat Ceram viele Nachahmer gefunden.

Auf den ersten Blick scheinen die erwähnten thematischen Reize aus sich selbst zu wirken. Erst bei genauerem Hinsehen zeigt sich, daß in den meisten thematischen Reizen eine narrative Linienführung verborgen liegt, die bloß noch entfaltet zu werden braucht. Bei den dichotomischen Themen ist es der Gegensatz selbst, der nach Auflösung ruft, und diese Auflösung bestimmt die narrative Gestaltung. In einem Thema wie „Niemand hat Columbus ausgelacht" ist ebenfalls bereits ein Gedankengang enthalten, der in irgendeiner Form in der Textgestaltung berücksichtigt werden muß: Wieso sollte ihn denn jemand ausgelacht haben? Wer? Warum? Und warum hat ihn denn „niemand" ausgelacht? Analoges gilt für alle Titel, die sich der Frageform bedienen, denn sie sind an die Beantwortung der Frage gebunden, und diese gibt bereits ein Gerüst für einen Gedankengang oder ein Handlungsgefälle.

5.2. Emplotments in der Geschichtsschreibung

Gerade weil die Geschichte eben nicht nach plot- Struktur verläuft, sondern im Gegenteil ein unübersichtliches dynamisches Kräftespiel ohne Anfang

[5] Rolf Schörken (Kap. 4, Anm. 17) S. 28 ff.

und Schluß ist, mit ungezählten Akteuren unterschiedlichsten Wirkungsgrades, mit Auswirkungen auf den verschiedensten Ebenen, wird die Frage so interessant, weshalb Geschichtsdarstellungen ohne plot-Strukturen nicht auskommen, ja mehr noch, weshalb unsere Vorstellungen von Geschichte vom plot- Gedanken beherrscht werden: Die Welt der Geschichte setzt sich zusammen aus Geschehniszusammenhängen in Form von Handlungsbögen mit Anfängen und Schlüssen, mit Höhepunkten und Handlungsgefälle. Ohne Zweifel ist das (bewußte oder unbewußte) Zugrundelegen einer plot-Struktur der Versuch, die unermeßliche Komplexität der Geschichte zu bewältigen und sie überhaupt erzählbar zu machen. Ohne vereinfachende Muster würde das Geflecht der Handlungsstränge zum Labyrinth.

Die plot-Struktur stellt das Urbild einer Handlung dar und bringt den Betrachter dazu, sich leicht in sie verstricken zu lassen. Er wird, wie oben schon gesagt, auf eine Schiene gesetzt und bewegt sich auf dieser weiter in die Richtung, die die Schiene angibt.

Die Chance, daß der Leser sich in die Handlung hineinziehen läßt, ist umso größer, je fesselnder der Verlauf zwischen Anfang und Schluß ist. Der Leser läßt sich umso stärker fesseln, je mehr seine Imagination gefordert wird. „Wie mag das ausgehen?“ „Wie mag das weitergehen?“ sind Fragen, mit denen Imagination in Bewegung gesetzt wird; man stellt sich vage vor, wie es weitergehen könnte, möchte es aber gern genau wissen. Die Imaginationsreize können, wie im vorigen Kapitel skizziert, stofflicher Natur sein – man möchte z.B. Genaueres über eine Katastrophe wissen, von der man gehört hat –, sie können auch struktureller Natur sein. Der Wirkung von strukturellen Momenten ist es z.B. oft zuzuschreiben, wenn wir als Leser an historischen Gegenständen Anteil nehmen, die uns vorher nie interessiert haben und an denen wir uns auf einmal festlesen.

Die elementare Erzählstruktur ist die Zeitstruktur. Wir waren bereits auf eine bestimmte Variante aufmerksam geworden, auf die Biographie mit ihrer biologienahen Zeitstruktur mit den Festpunkten Geburt, Aufwachsen, Aufgabenbewältigung, Altern und Tod. Biologienah ist auch das „Aufstiegs“- und das „Niedergangs-“ oder „Zusammenbruch“-Modell. Beide Modelle werden weniger für Personen, als für Staaten oder Kulturen verwandt, sind also weit mehr als Zeitstrukturen, nämlich bereits Geschichtsdeutungen, denen ein Analogiedenken zugrunde liegt. Von Gibbons „History of the Decline and Fall of the Roman Empire“ von 1776 bis zu Oswald Spenglers Morphologie der Kulturen im „Untergang des Abendlands“ von 1916 ist es nur ein kleiner Schritt, was die Abhängigkeit der Geschichtssicht vom gewählten Zeitparadigma betrifft.

Während dem Decline and Fall-Schema ein fallender narrativer Kurvenverlauf (– und dem vollständigen Rise and Decline-Schema eine steigende und fallende Linie nach Art der Sinuskurve) innewohnt, haben wir es bei einem anderen Typ, dem „Entscheidungsmodell“, mit einem geradlinigen Erzählgefälle auf einen festen Schlußpunkt hin zu tun. Dieser Schlußpunkt besteht in der getroffenen Entscheidung, die hinführende Handlung zeigt den Weg an, beschreibt die Hindernisse, macht die Mißerfolgsmöglichkeiten sichtbar, vor allem malt sie die Bedeutung dessen aus, was zur Entscheidung ansteht. Das Entscheidungsmodell ist das spannendste im Bereich historischer Darstellungen wegen seiner Präzipitation auf den Entscheidungsaugenblick, in die alle Erzählmomente hineingezogen werden. Ein gutes Beispiel dafür ist Elie Abels „13 Tage vor dem Dritten Weltkrieg“, eine politisch-historische Darstellung der Cubakrise von 1962[6]. Hier brauchte der Autor nur eine schon in der Sache liegende und die öffentliche Aufmerksamkeit erregende Zeitstruktur kräftig herauszuarbeiten. Es ging um die politische Entscheidung des Präsidenten Kennedy und seines Beraterstabs in der Frage, ob und wie die USA militärisch gegen die sowjetische Raketenstationierung eingreifen würde. Der Zeitdruck war eine reale Gegebenheit, aufs äußerste verschärft durch das Ultimatum der Amerikaner und die alles entscheidende Frage, ob die Sowjets ihre Raketenfrachter zurückholten. Der Autor nutzte die realen Vorgegebenheiten auf eine ebenso einfache wie frappierende Weise: er steigerte die Spannung durch scharfe Gliederung der Zeitstruktur, indem von Tag zu Tag die neu eingetretene Situation beschrieben und die veränderten Lösungsmöglichkeiten und Risiken im Beraterstab durchgespielt wurden. Die Darstellung selbst besteht aus nicht viel mehr als den einzelnen Beratungssituationen von Tag zu Tag. Je näher der durch das Ultimatum vorgebenen Schlußpunkt rückt, umso enger werden die Zeitabschnitte (denn die Beratungen jagten sich immer stärker), umso größer wird auch die Spannung. Nur ein einziges weiteres Gestaltungsmoment verdient Erwähnung: die Aktionen der amerikanischen Seite werden hell belichtet, während die der sowjetischen Führung eher im Halbdunkel bleiben. Man kann sagen, daß bei dieser Art der Spannungserzeugung fast nur mit temporalen Mitteln gearbeitet wird. Die Zeitstruktur ist alles – freilich erst vor einem hochbedeutsamen Hintergrund.

Ein weiteres Modell könnte man „Lösung eines Falles“ nennen. Es hat oft die Form einer – wirklichen oder symbolischen – Gerichtsverhandlung. Wo in der Geschichte Gerichtsverhandlungen von einiger Bedeutung vorgefallen sind und die Historiographie sie nachzeichnet – z.B. beim Verfahren gegen Ludwig XVI., beim Fall Dreyfus, beim Reichstagsbrandprozeß, beim Nürnberger Prozeß – haben wir es immer, was die narrative Lineatur

---

[6] Elie Abel: 13 Tage vor dem dritten Weltkrieg (Goldmann TB) München o. J.

betrifft, mit einer in einem Punkt zusammentreffenden „Bündelung“ von Lineaturen zu tun. Entweder ist der Prozeß der Ort, auf den eine Vielzahl von Handlungssträngen hinführt oder von dem sie ausgeht – dies letzere, wenn der Prozeß selbst am Anfang steht und die Vorgeschichte, die zu ihm geführt hat, im Verlauf der einzelnen Abschnitte des Prozesses ein- und nachgeschoben wird. Gleichgültig, ob diachronisch oder umgekehrt diachronisch erzählt wird, der Prozeß muß das, was bisher geschehen war, wie in einem Brennpunkt bündeln. Die Spannung solcher Darstellungen rührt aus dem Gerichtetsein auf den Ausgang her, sie ist nicht grundsätzlich verschieden von der Spannung des Modells „Entscheidungssituation“. Aber auch dort, wo keine wirklichen Prozesse stattgefunden haben, ist es möglich, dieses Muster indirekt zugrunde zu legen. – Eine sublimierte Variante des Prozeßmodells liegt jeder historischen Beurteilung zugrunde, wie sie etwa am Ende von Monographien oder Epochendarstellungen anzutreffen sind. Auch hier wird ja in gewisser Weise „Gerichtstag gehalten“ – freilich stehen dabei keine Leben mehr auf dem Spiel. Die Bündelung der Linien ist aber auch hier anzutreffen, entweder explizit, indem der Autor noch einmal die Erzählfäden zusammenfaßt, oder implizit, insoweit sich der Leser ins Gedächtnis zurückruft, was vorher ausführlich dargestellt worden war.

Wenn ein historisches Werk weite Zeitpannen umfaßt, d.h. solche, die die Zeitdauer eines Menschenlebens erheblich überschreiten, und wenn außerdem die Subjekte der Geschichte keine konkreten Personen, sondern überpersonale Gebilde wie z. B. Staaten sind, nimmt die dem Text innewohnende Spannung in aller Regel erheblich ab. Wichtige Bedingungen für die Entstehung von Spannung gehen verloren, vor allem die Einsträngigkeit der Handlung, die kräftige Protention auf einen in der Zukunft liegenden Kulminationspunkt und die Möglichkeit, in einer gut ausgeleuchteten Hauptperson Gefühle zu verankern. Je höher sich der Erzählerstandort über dem Ganzen erhebt, umso entfernter ist auch der Leser von Einzelsituationen und konkreten Personen. Dennoch lassen sich auch hier häufig wiederkehrende, wenn auch unauffällige, weil fast selbstverständliche Linienführungen feststellen. So erfordert es der Inhalt Krieg logisch zwingend, daß seine Vorgeschichte dargestellt wird, und da mindestens zwei Parteien beteiligt sind, heißt dies, daß mindestens zweisträngig erzählt, d.h. zwei Vorgeschichts-Linien nebeneinander hergeführt werden (und ggfs. auch ineinander verzwirnt werden können). An einem bestimmten Punkt, dem Kriegsbeginn, treffen sie aber notwendig zusammen und verknoten sich zu *einem* Geschehen. Der Thematik Krieg wohnt eine Grundstruktur inne, die „nur“ noch nach außen gewendet werden muß, um eine explizite narrative Linienführung zu ergeben.

Die Bedeutung von plot- Strukturen ist für verschiedene Lesergruppen sehr unterschiedlich. Der eingearbeitete, gar gelehrte Leser historischer Werke ersetzt die simple Neugier darauf, wie „es“ endet, durch die Erwartung eines Erkenntnisfortschritts, und an die Stelle eines Handlungshöhepunktes etwa in Form einer Entscheidung oder der Lösung eines Problemes kann für ihn ein neues Ergebnis, eine neue Interpretation treten. Auch darin liegt eine Weise des Sich-Einbeziehen-Lassens verborgen, eine elaborierte Form, hinter der das urspüngliche plot-Muster aber immer noch durchscheint. Der nicht vorgebildete Leser, der diesen differenzierten Modus des Verstricktwerdens nicht kennt, wird ein solches Buch vermutlich als langweilig oder unverständlich wieder weglegen. Hier liegt denn auch ein Grund für die Schwierigkeit, die der Spezialist hat, wenn er einem Neuling etwas vermitteln will oder warum rein auf Erkenntnisgewinn angelegte Bücher (Vorlesungen, Vorträge) vom Laien oft als langweilig empfunden werden. Die Rückübersetzung vom elaborierten auf das einfache Muster ist schwierig und will gelernt sein. Am ehesten gehört sie noch in das Aufgabenfeld des Didaktikers.

Einfaches Muster	Elaboriertes Muster
Deutlich markierter Anfang und Schluß	Komplexer, vielsträngiger Anfang und Schluß
Personen	Personen, Kollektive, Bewegungen, Strukturen
Nahperspektive, situativ	Fernperspektive, Überblick, Wechsel und gegenseitige Ergänzung von Perspektiven
Verlauf als ausgefaltete Handlung mit Verwicklungen	Mischform von Handlung, Diskurs, Interpretation
Lesespannung auf Handlungsausgang	Leseerwartung: Erkenntnisgewinn

Wer sich auf der höheren Verständnisstufe befindet, kann auf die einfache verzichten. Dies gilt freilich mit Einschränkungen, denn auch der gelehrte Leser greift gern, wenn es sich um neue Sachgebiete handelt, in die er sich einarbeiten muß, auf die einfachen Formen zurück. Sie sind konkret, anschaulich und leisten das Vermittlungsgeschäft müheloser. Überhaupt ist immer dann, wenn es sich um Erschließung von Neuem handelt, das einfache Muster vorzuziehen. Hat ein Leser, ein Schüler, ein Laie keinerlei Vorkenntnisse vom Mittelalter, wird ihm „Canossa“, verstanden als Kulminationspunktes eines plot, vermutlich zunächst einmal mehr helfen als die Darlegung der sozialen Strukturen, die einem zweiten Schritt vorbehalten sein mögen und die man aus dem ersten Schritt entwickeln kann.

Dieser Tatbestand macht auf eine lernpsychologische Gefahr aufmerksam, die an dieser Stelle wenigstens erwähnt werden soll: auf die Verfrühung. Wird im Geschichtsunterricht zu früh mit den elaborierten Darstellungsstrukturen gearbeitet, bevor die Elemente gepflegt sind, können Langeweile und Halbverstehen die Folge sein.

5.3. Kann man Strukturen erzählen?

Geht man im weiten Feld historiographischer Literatur auf die Suche danach, wo jedwede Handlungsführung aufgegeben ist und von einem emplotment nicht mehr die Rede sein kann, so stößt man auf die Gattung „Handbuch“. Handbücher sind systematisch aufgebaut und bewahren das diachronische Element allenfalls in der Grobgliederung. Um ein sozialgeschichtliches Beispiel herauszugreifen: Rolf Sprandels Beitrag „Gewerbe und Handel 1350-1500“ im Handbuch der deutschen Wirtschafts- und Sozialgeschichte[7] ist eingeteilt in a) Das Stadtgewerbe, b) Landgewerbe und Bergbau, c) Verkehrswesen, d) Handel, e) Kredit und Geld, f) Hauptzüge der Gesamtentwicklung bis 1500. Statt narrativer Folge herrscht zeitliche Parallelität; wo Personen genannt werden, sind sie nicht Träger einer Handlung, sondern Repräsentanten oder Beispiele für wirtschaftliche Tätigkeiten; durchweg wird eine Überschau aus der Vogelperspektive eingehalten, Situatives kommt nicht vor. Wie kann man das spezielle Leseinteresse bezeichnen? – oder anders gefragt: Was hält den Leser am Text fest? Es ist das reine, unvermittelte Sachinteresse, etwa: „Wie entwickelt sich denn jetzt der Straßen- oder der Kanalbau weiter?“ Von einem Verstricktwerden des Lesers in Handlung kann nicht mehr die Rede sein, weil keine Handlung mehr da ist.

Es stellt sich die Frage, ob hier noch der Terminus „Erzählen“ aufrecht erhalten werden soll.

Diese Frage wurde Ende der 70er und Anfang der 80er Jahre vielfach theoretisch erörtert. Ihr Gewicht erhielt sie aus der damals sprunghaft anschwellenden sozialgeschichtlichen Historiographie und aus der Auseinan-

---

[7] Rolf Sprandel: Gewerbe und Handel 1350 – 1500. In: Aubin/Zorn (Hrsg.): Handbuch der deutschen Wirtschafts- und Sozialgeschichte. Bd. 1. (Union) Stuttgart 1971, S. 335 – 357.

dersetzung mit der französischen Schule der Annales. Eine pointierte Antwort auf die Frage gab Peter Szondi. Er hielt soziale Prozesse nicht mehr für erzählbar, allenfalls für beschreibbar. Szondi leuchtet dabei hinter die formalen Seiten des Erzählens und fragt nach dem veränderten Subjekt der Geschichte. Deutlich auf der Linie von Walter Benjamin und Theodor W. Adorno argumentierend, die es aus der Erfahrung der Standardisierung der verwalteten Welt für falsches Bewußtsein hielten, das Individuum mit seine Regungen noch in den Mittelpunkt des Weltlaufs zu stellen, sieht Szondi „die Menschheit, verstanden als Addition von Millionen, von denen die meisten anonym Geschicht erleiden", als Subjekt der Geschichte[8]. Nach Szondi kann die Geschichte der anonymen Millionen nicht mehr nach dem Muster der Ereignisgeschichte dargestellt werden, vielmehr muß sie zu einer idealtypischen Konstruktion werden, ähnlich wie z.B. der Idealtyp des asketischen Kaufmanns für das 17. und 18. Jahrhundert repräsentativer sei als König und Staatsaktionen. „Die neue Geschichtsschreibung würde damit zu einer Form deskriptiver Rede, die ihren ‚Hypothesencharakter' eigens zum Ausdruck bringt ... und damit der Verführung narrativer Harmonisierung entgeht"[9].

Nicht alle Antworten auf diese Frage sind so rigoros. Hans- Ulrich Wehler als prononcierter Vertreter theoriegeleiteter, strukturanalytischer Geschichtsschreibung in Deutschland äußert sich differenzierter. Er schreibt: „Theorieverwendung scheint durchaus vereinbar zu sein mit dem Ziel des Historikers, die Prozesse und Strukturen in ihrer Bewegung durch die Zeit zu erfassen. Anfang, Verlauf und Ende einer Trendperiode der Konjunktur; Beginn, Herrschaftsphase und Ende eines politischen Regimes; Auftauchen, volle Entfaltung und Auflösung von Formen der sozialen Ungleichheit können narrativ belichtet werden. Eine schroffe Dichotomie von theorieorientiertem Vorgehen und Narratio zu behaupten, führt zu einer unproduktiven, rigoristischen Polarisierung." Dann trifft er eine wichtige Unterscheidung. „Viel richtet sich ... danach, wie weit oder wie eng der Begriff der narrativen Darstellung gefaßt wird. Versteht man ihn weit genug, können z.B. auch Strukturveränderungen erzählt werden. Begreift man ihn enger, braucht man zur Bezeichnung der eher systematischen Analyse von Strukturen und Prozessen einen eigenen Begriff wie ‚argumentativen Diskurs' (Kocka) oder einen sinngemäßen ähnlichen Ausdruck, der auf den

---

[8] Peter Szondi: Für eine nicht mehr narrative Geschichte. In: Koselleck/Stempel (Kap. Einleitung, Anm. 3) S. 541.

[9] Ebd. S. 542.

Unterschied klar abhebt"[10]. Die Vorteile der Strukturanalyse liegen für Wehler in der besseren Erfassung anonymer Bedingungskonstellationen historischer Prozesse, in der Vermeidung der Gefahren des Individualitätsprinzips, in einer erhöhten Rationalität der wissenschaftlichen Diskussion und in besseren Problemlösungen durch funktionale und kausale Erklärungen; die Nachteile verschweigt Wehler aber auch nicht: „Je abstrakter, desto inhaltsleerer – je allgemeiner, desto weniger hilfreich im konkreten Einzelfall, das sind wohlbekannte Erfahrungen eines jeden, der systematische Begriffe benötigt ... Anders gesagt: gesucht wird ein nützlicher Kompromiß zwischen verallgemeinernder Systematik und historisch konkretem Gehalt"[11].

Betrachtet man Wehlers Darstellungsweise anhand seiner Werke, so wird allerdings deutlich, daß er in praxi der systematisch- abstrakten Seite zuneigt. Es gibt keine plots mehr, es wird nur noch in Ausnahmen am Leitband einer Person entlang erzählt, und das Temporalgefälle, d.h. die Linie von einem Zeitpunkt zu einem anderen, verläuft sanft bis eben. Das Leitprinzip ist die Problemlage. Wehler kommt zu einem Erzählgefälle, besser vielleicht: zu einer Sprachbewegung dadurch, daß er Problemlagen beschreibt, sie ausdifferenziert und bis in die kleinsten Verästelungen hinein verfolgt. Die vorkommenden Personen sind in den meisten Fällen Exponenten von Interessenverbänden, sie bilden keine Bezugspunkte für eine Erzählstruktur, sondern bieten Belege für Problemeinschätzungen. Narrativ ist dies allemal, aber nicht erzählend.

Die Unterscheidung, die Wehler in dem angeführten Zitat zwischen einem engen und einem weiten Erzählbegriff macht, bedeutet, daß mit dem weiten Erzählbegriff die Narratio gemeint ist als Grundstruktur historischer Aussagen in ihrer Abhängigkeit von der Zeitfolge, während mit dem engeren Begriff zusätzliche Momente des Erzählens angesprochen sind, mindestens das emplotment mit Protention und Retention, ggfs. auch die situative Nahperspektive und die Person oder leicht abgrenzbare Kollektive als Handlungsträger.

Hier stellt sich die Frage nach dem Leserbezug. Für wen schreibt man wie? In der Kontroverse mit Golo Mann stellt Wehler klar, daß er für den fachkundigen und kenntnisreichen Leser schreibt, der primär an den Forschungsergebnissen interessiert ist. Darin steckt auch eine Selbstbeschränkung, weil damit auf direkte Breitenwirkung Verzicht geleistet wird. Golo Mann hat sicher recht, wenn er darauf hinweist, daß ein Leser außerordent-

---

[10] Hans-Ulrich Wehler: Anwendung von Theorien in der Geschichtswissenschaft.In: Kocka/ Nipperdey (Hrsg.): Theorie und Erzählung in der Geschichte. München 1979. S. 32.

[11] Ebd. S. 35.

lich viel wissen muß, wenn er eine Strukturanalyse verstehen will; vor allem muß der die zugehörige Ereignisgeschichte kennen, die in den Strukturanalysen übergangen, weil vorausgesetzt wird[12]. Geht es dem Historiker dagegen mehr darum, Beiträge zur narrativen Identität der Gemeinschaft zu leisten oder einfach auf die politische Mentalität zu wirken, wird er mit der Beschränkung auf das Fachpublikum nicht zufrieden sein. Er wird dann die spröden Darstellungsformen eher vermeiden. Jedenfalls: es gibt kein grundsätzliches Richtig oder Falsch, Modern oder Veraltet bei der Diskussion um Strukturgeschichtsschreibung, beide Formen existieren längst selbstverständlich nebeneinander und bereichern sich gegenseitig, manchmal sogar in ein und demselben Werk.

Es stellt sich die Anschlußfrage, ob sozialgeschichtliche Strukturanalysen notwendig in der Form eines personenfernen, systematisierenden Berichtes vorgetragen werden müssen. Golo Mann machte in seiner Kontroverse mit Wehler bereits auf ein Gegenbeispiel aufmerksam: Fernand Braudels „La Méditerranée" sei über weite Strecken ganz im alten Erzählstil geschrieben, ohne daß die kollektiven Schicksale, die Ökonomie und die Demographie zu kurz kämen. Bei näherem Zusehen erweisen sich gerade die französischen Annalisten, die doch die Bedeutung der longue durée für den gesellschaftlichen Wandel so unübersehbar herausgearbeitet haben, als höchst einfallsreiche Autoren, wenn es um die Frage der lesernahen erzählenden Darstellung geht.

Der für unsere Beobachtungen interessanteste Autor ist Emanuel Le Roy Ladurie. Seine Bücher stellten für die Fachwissenschaft Neuansätze dar und waren gleichzeitig ausgemachte Publikumserfolge. Das deutet schon darauf hin, daß der Autor über eine besondere Gestaltungsfähigkeit verfügt. Uns interessiert die Frage, in welcher Weise er abstrakte Sozialstrukturen narrativ umsetzt, ohne dabei die Eigenarten des sozialwissenschaftlicher Zugriffs aufzukündigen.

Le Roy Ladurie beschreibt die Dialektik seiner Arbeit wie folgt: „Im Hinblick auf die Tendenzen mit langer Dauer interessierten mich vor allem die großen Variablen, die möglicherweise dauerhafte Wandlungen und jahrhundertelange Bewegungen verursachen konnten ... Und hinter diesen ... abstrakten, aber keineswegs starren Kategorien erblickte ich am Ziel eines langen Marsches die Menschen selbst, die Bauern des Languedoc und ihre Gesellschaftsgruppen. Begonnen hatte ich zu Anfang damit, Hektare und Grundbucheinheiten zusammenzuzählen; am Ende meiner Suche gelangte ich dahin, lebendige Menschen handeln, kämpfen und denken zu sehen"[13].

---

[12] Golo Mann: Plädoyer für die historische Erzählung. In: Kocka/Nipperdey (Anm. 10). S. 55.
[13] Emanuel Le Roy Ladurie: Die Bauern des Languedoc. (Klett- Cotta) Stuttgart 1983, S. 14.

Le Roy Ladurie bleibt nicht bei der Beschreibung von Strukturen stehen, sondern stößt zu konkreten Menschen durch. Dazu bedient er sich verschiedener Baumuster. Im „Karneval in Romans" geht es um gesellschaftliche und geistige Strukturen in einer frühneuzeitlichen Stadtgesellschaft; es handelt sich um das Städtchen Romans an der Isère zwischen Grenoble und Valence. Diese Strukturen werden aber nicht nur beschrieben. Von Beschreibung kann allenfalls am Anfang des Buches, bei der demoskopisch-soziologischen Darstellung der Bevölkerungsschichtung, und im Schlußkapitel, das eine zusammenfassende Interpretation liefert, die Rede sein. Das Mittelstück des Buches erzählt in raschem, spannungsgeladenen Tempo den Ausbruch eines gesellschaftlichen Konflikts unter der Maske des Karnevals. Le Roy Ladurie gibt hier eine erste Antwort auf die Frage, wie man das strukturierende und das erzählende Verfahren verbinden kann. Er nimmt den Zeitrahmen, innerhalb dessen sich das Hauptgeschehen abspielt, sehr eng: es sind nur zwei Jahre (1579 bis 1580), die ausgeleuchtet werden, und innerhalb derer wiederum 14 Tage in detaillierter Handlungsabfolge, diese aber eingelagert, gewissermaßen mit dem Fernrohr herangeholt, in einen longue durée-Zusammenhang. Die longue-durée – Passagen umrahmen eine Handlungsstruktur von zwei Jahren erzählter Zeit, die wiederum den Rahmen bilden für die 14 Tage währende dramatische Handlung. Je näher der Autor an die Ereignisse heranrückt, umso stärker werden Einzelpersonen sichtbar: die soziale Struktur wird auf diese Weise in Einzelschicksale aufgelöst, ohne daß die Personen aus ihrer sozialen Verflechtung heraustreten. Strukturbeschreibung geht hier zwanglos in dramatische Ereignisdarstellung über, ohne daß dabei die strukturgeschichtliche Intention verlorenginge. Dies ist zunächst einmal deshalb möglich, weil der Zeitraum der Mittelpunktshandlung sehr eng gehalten wird, denn nur bei engem Bildausschnitt werden die Dinge konkret. Ein weiteres Moment ist konstitutiv dafür, daß auch im Ereignishaften weiterhin Sozialgeschichte getrieben wird: der Autor geht den Spannungslinien sozialer Konflikte nach, und dort, wo der Konflikt zum offenen Ausbruch kommt, wird er dramatisch, bleibt aber immer noch Sozialgeschichte.

Le Roy Ladurie hat noch einen weiteren Weg gefunden, Strukturen zu erzählen. Sein vielleicht bekanntestes Werk, „Montaillou", hat die sozialgeschichtliche Rekonstruktion eines okzitanischen Dorfes zur Zeit der Katharerverfolgnungn zum Gegenstand. Aufgrund eines archivalischen Glücksfalls, des vollständigen Vorliegens der Inquisitionsakten des Dorfes, ist die Rekonstruktion von außerordentlicher Detailgenauigkeit. Man kennt die gesamte Einwohnerschaft des Dorfes, die Formen des Alltagslebens, die wirtschaftlichen Zusammenhänge, die Ausdrucksformen der Ketzerei, die erotischen Gebräuche und Verwicklungen. Diese genaue Kenntnis macht es möglich, Einzelschicksale nachzuerzählen, aber immer so, daß der daraus erwachsende Erkenntnisgewinn auf die übergreifenden sozialen Strukturen gelenkt wird. Die Personen stehen nicht als unverwechselbare Individuen vor uns, sondern als Ausprägungen von sozialen Rollen oder von Sozialschicksalen. Strukturgeschichte wächst hier aus Einzelschicksalen zusammen wie ein Fluß, der sich aus dutzenden von Bächen speist[14].

Einen anderen Beitrag zur Frage, ob Strukturen erzählt werden können, liefert Fernand Braudel. Sein Werk „Dynamik des Kapitalismus" ist bereits vom Thema her auf abstrakte Strukturen angelegt. Das Buch bietet keine Ereignisgeschichte, es geht auch nicht in situative Einzelheiten, vielmehr überblickt es aus der Vogelperspektive mehrere Jahrhunderte und zieht die großen Linien nach. Um eine Einbeziehung des Lesers zu erreichen, arbeitet Braudel nicht mit der Zeitstruktur, sondern mit der Veränderung des herkömmlichen Musters Autor – Leser. Herkömmlich ist es, daß der Autor nicht in Erscheinung tritt und auch der Leser im Text nicht vorkommt. Braudels erstes Hilfmittel ist die Einführung der eigenen Person, die sich als „Ich" mit den Lesern, die er mit „Sie" anredet, ins Benehmen setzt und die entsprechend auch „Wir" sagt, wenn sie beide Seiten meint. Ein Beispiel: „Ich bin mir nicht sicher, ob ich Sie überzeugt habe. Erst recht bezweifle ich jedoch, daß ich Sie nun noch überzeugen werde, wenn ich Ihnen anvertraue, was ich von der Welt und dem Kapitalismus halte – und zwar im Lichte der Welt und des Kapitalismus von gestern, so wie ich sie sehe und wie ich sie Ihnen zu beschreiben versucht habe ..." Durch dieses Stilmittel kommt in eine von der Sache her trockene Darstellung ein dialogisierendes Element. Das „Ich" des Autors gibt förmliche Hilfestellungen bei der Erklärung schwieriger Begriffe und eigener Thesen. Der Autor nimmt erkennbar eine Haltung ein und setzt sich so in Beziehung zu den möglicherweise abweichenden Haltungen der Leser, und dies führt zu einer Art Erzählgefälle: Man ist neugierig darauf, wie dieses Zwiegespräch – das ja nur ein arrangiertes und kein wirkliches ist – ausgeht. Es kommt noch ein weiteres Stilmittel hinzu, die Stilisierung des Ich des Autors. Der Autor bedient sich gerade nicht der Attitude des allwissenden Professors, sondern begibt sich im Gegenteil in die Rolle des zweifelnden, mit Möglichkeiten spielenden Suchers, der häufig „vielleicht" sagt, seine Vorstellungen in Zweifel zieht, den Konjunktiv gebraucht und Fragen stellt. Außerdem liebt

[14] Eine eher konventionelle Spielart dieses Darstellungsprinzips benutzt Le Roy Ladurie in „Die Bauern des Languedoc". Hier wird die Bevölkerungsgruppe „Bauern" in einzelne Berufe aufgelöst, z.B. den Mäher, den Großknecht usw. Bei dieser typisierenden Darstellung geht allerdings die Möglichkeit verloren, konkrete Einzelpersonen in Handlungszusammenhängen zu verfolgen; die erzählerischen Möglichkeiten treten folglich zurück.

Braudel es, schwierige Sachverhalte zu vereinfachen und dies auch zu sagen, sowie Beispiele und Denkmodelle zu benutzen, die er als solche kennzeichnet. Er kümmert sich darum, daß seine Leser verstehen, was er schreibt – eine seltene Tugend unter Gelehrten, so möchte man sagen. Dies alles verstärkt das Hineingezogenwerden des Lesers. Es ist kein Hineingezogenwerden in ein emplotment, wie bei den meisten unserer bisherigen Beispiele, sondern in einen Erkenntnisdialog.

Es ist die Frage, ob man Le Roy Laduries und Braudels Techniken kurzerhand als Beleg dafür nehmen kann, daß Strukturen erzählt werden können. Streng genommen, lautet die Antwort: Le Roy Ladurie hat durch Einlagerungen der Strukturpartien in narrative Darstellungsteile, durch Zurückführung von Gesellschaftstrukturen auf konkrete Menschen oder durch Weiterführung von sozialen Konflikten in offene Dramatik das Abstrakte und Trockene der Strukturen entschärft. Braudel hat einen Weg gefunden, mit Hilfe eines Autor – Leser – Rollenspiels eine Art Spannung darauf, wie es weitergeht, aufzubauen. Auf diese Weise sind lesbare, ja fesselnde Bücher entstanden, deren Inhalt soziale und ökonomische Strukturen im historischen Wandel sind. Diese Fähigkeit, das Trockene und Sperrige der Thematik zu überwinden, sollte nicht verkleinert werden. Genau genommen, handelt es sich aber um Einlagerungs- und Umgehungstechniken, die es nicht gestatten, die Frage, ob Strukturen erzählt werden können, kurzerhand zu bejahen. Bestimmte Arten von personenfernen Strukturen wie z.B. Wandlung und Kontinuität von Grundstücksgrößen und dergl. können in der Tat nur beschrieben werden. Die Leistung der genannten Autoren liegt – von der Forschung selbst hier einmal abgesehen – auf dem Gebiet der Konstruktion narrativer Zusammenhänge, um die Sprödigkeit der Strukturen nicht mehr fühlbar werden zu lassen, nicht darin, Strukturen selbst erzählbar gemacht zu haben.

Szondis Hauptargument liegt freilich nicht auf erzähltechnischer, sondern auf menschlich – politischer Ebene. Er hält dafür, daß das Leiden der namenlosen Menschenmassen in Gegenwart und Vergangenheit nicht mehr erzählt werden könne und die Berichtform angemessener sei. Man mag Szondi insofern zustimmen, als dem Erzählen oft etwas Geselliges, gar Gemüthaftes anhaftet, das in der Tat in Widerspruch steht zum der Ernsthaftigkeit der Sache, von der er spricht. Es gibt historische Themen, bei denen die Sprache an die Stummheit grenzt. Man braucht hier nur das Stichwort Auschwitz zu nennen. Es liegt nahe, die historiographische Sprache hier so knapp und nüchtern wie möglich zu halten, damit der Abstand zwischen dem Unsäglichen und seiner Beschreibung gewahrt bleibt. Bedeutet dies aber, daß auf diese Weise das stumme Leiden der anonymen Menschen wirklich herausgearbeitet würde? Es bedeutet doch wohl nur, daß der Leser diese Arbeit selbst tun muß. Fehlt es ihm dazu an innerer Bereitschaft oder einfach an Vorstellungsfähigkeit, ist durch die Berichtform nichts gewonnen, aber vieles verspielt. Zahlenanhäufungen sind nicht mehr vorstellbar, Gefühle wollen sich nicht recht einstellen, man möchte fast sagen: dem Schreibtischtäter folgt der Schreibtischbewältiger. Will man den einzelnen Menschen in seinem Leid nicht untergehen lassen, will man ihn nicht noch nachträglich zu einer bloßen Nummer degradieren, ist die historische Erinnerung aufgefordert, die Anonymität aufzubrechen, soweit das möglich ist. Es ist Paul Ricoeur zuzustimmen, wenn er sagt, daß gerade bei solchen Themen die Imaginationsfähigkeit des Lesers in Bewegung gesetzt werden muß. Wenn es richtig ist, daß dies ohne exemplarische Vergegenwärtigung von Einzelschicksalen gar nicht zu leisten ist, dann ist Geschichte auch in diesem Fall erzählbar.

5.4. Der suchende Autor

Das Spiel mit der veränderten Beziehung von Autor und Leser, das wir bei Braudel festgestellt hatten, ist in der wissenschaftlichen Historiographie die Ausnahme. Häufiger findet man es neuerdings in der außerwissenschaftlichen Geschichtsliteratur, und zwar bei hochreflektierten Autoren, die sich der Schwierigkeiten historischer Rekonstruktion bewußt sind. Dafür zwei Beispiele.

Peter Härtling beginnt seinen 1976 erschienenen „Hölderlin" wie folgt:

„Am 20. März 1770 wurde Johann Christian Friedrich Hölderlin in Lauffen am Neckar geboren –

– ich schreibe keine Biographie. Ich schreibe vielleicht eine Annäherung. Ich schreibe von jemandem, den ich nur aus seinen Gedichten, Briefen, aus seiner Prosa, aus vielen anderen Zeugnissen kenne. Und von Bildnissen, die ich mit Sätzen zu beleben versuche. Er ist in meiner Schilderung sicher ein anderer. Denn ich kann seine Gedanken nicht nachdenken. Ich kann sie allenfalls ablesen. Ich weiß nicht genau, wie ein Mann, der 1770 geboren wurde, empfand ... Ich bemühe mich, auf Wirklichkeiten zu stoßen. Ich weiß, es sind eher meine als seine. Ich kann ihn nur finden, erfinden, indem ich mein Gedächtnis mit den überlieferten Erinnerungen verbünde ... Wie er geatmet hat, weiß ich nicht. Ich muß es mir vorstellen –"[15].

Der Autor führt sich gleich zu Anfang als „Ich" ein, der den Leser an seinem schwierigen Bemühen teilnehmen läßt, einer historischen Person hab-

---

[15] Peter Härtling: Hölderlin. (Hanser) Darmstadt und Neuwied 1976. S. 7.

haft zu werden und eine Brücke in ein nicht mehr existierendes Dasein zu schlagen. Seine Haltung ist zögernd, tastend, suchend. Die Erzählfluß wird immer wieder durch kommentierende und meditierende Einschübe unterbrochen:

„Weshalb also fürchte ich mich vor dieser Geschichte? Immer wieder setze ich an, ihn zu finden. Ich möchte ihn bewegen können wie eine meiner erfundenen Figuren. Ich traue mich nicht, traue es mir nicht zu. Er widersetzt sich mit dem, was er geschrieben hat. Manchmal träume ich von ihm, aber so, als träumte ich von einem, der gespielt wird von einem anderen. Denke ich, nach dem Erwachen, an ihn, ärgere ich mich über meine Vertrautheit mit einer bewegten Kopie“[16].

Hier wird die oben angesprochene Vertrautheits-Unvertrautheits-Dialektik (vgl. Kap. 1) unmittelbar thematisch. Es wird ein neues Leiden an der Vergangenheit sichtbar: Der Wunsch, sie sich genau vorzustellen, wird durchkreuzt von der Erkenntnis, daß eine Vergegenwärtigung im Grunde nicht möglich ist. Kaum ist ein Stück Geschichte erzählt, nimmt es der Autor halb wieder zurück. „So hat es angefangen. So kann es angefangen haben.“ Dieser Zweifel durchzieht bei Härtling das Erzählgeflecht und verliert sich niemals aus dem Bewußtsein des Lesers, der damit die Ebene historischer Grundsatzreflexion nie ganz verläßt. Auch das darf man „Einbeziehung des Lesers in die Geschichte“ nennen. Sie wäre nicht möglich ohne den Kunstgriff der Einführung eines Ich-Autors, der sich zwischen Leser und Erzählung einschaltet und sowohl den Gegenstand wie den Leser dirigiert.

Einen ähnlichen, doch in wichtigen Momenten abweichenden Weg beschreitet Dieter Kühn in „Ich Wolkenstein“[17]. Er führt ebenfalls sein Autoren-Ich ein, aber auf einer zweiten, pragmatischen Handlungsebene, die in die erste eingeschoben ist und davon handelt, wie der Autor sich ganz handfest auf die Spur Oswalds von Wolkenstein setzt, wie er die Orte aufsucht, an denen dieser gelebt hat, und das, was er dabei gesehen und erlebt hat, zu einem Bestandteil der Darstellung macht. Diese Partien sind als Annäherungen an den historischen Oswald zu verstehen; der Autor versucht, Oswald auf alle mögliche, auch ungewöhnliche Weise näherzukommen, ja, ihn regelrecht einzukreisen. Damit thematisiert Kühn ähnlich wie Härtling die Schwierigkeiten des historischen Annäherungsprozesses, nur eben nicht in kommentierenden Reflexionen, sondern auf einer eigenen Handlungsebene. Das führt dazu, daß er in das Leben Oswalds einen modernen Reiseroman einschiebt, in dem er als Autor eine Handlungsrolle übernimmt.

---

[16] Ebd. S. 80.

[17] Dieter Kühn: Ich Wolkenstein. (Insel) München 1977.

Der „suchende Autor" wirkt mit, der Geschichte ihre starre Faktizität zu nehmen und ihren Möglichkeitscharakter wieder zum Vorschein zu bringen. Für den Leser bietet der suchende Autor die Möglichkeit größerer Identifikation und eines stärkeren Verstricktwerdens in die Darstellung: man kann mitsuchen, mitzweifeln, mitfinden. Das ist etwas anderes, als wenn man von einer unsichtbar bleibenden Autorität unbezweifelbare Ergebnisse aufgetischt bekommt.

5.5. Veränderung der Ereignishierarchie

Nur kurz soll hier noch hingewiesen werden auf eine ebenso ungewöhnliche wie wirkungsvolle Darstellungstechnik, mit der weit zurückliegende historische Themen einem sehr großen Lesepublikum erschlossen wurden[18]. Mit einem der größten Bucherfolge der gesamten Nachkriegszeit hat Ceram bereits in den 50er Jahren der historischen Populärdarstellung neue Wege erschlossen. In seinen Büchern stehen nicht mehr die Mykener, Hethiter, Sumerer, die Azteken, Mayas und vorkolumbianischen nordamerikanischen Indianer als Handlungsträger im Mittelpunkt, sondern die Forscher, die sie „an den Tag bringen". Diese Metapher ist wörtlich zu nehmen: es geht um Archäologie; Verschüttetes wird ans Licht gebracht, Vergessenes wiederentdeckt. Diese Wendung im Grundansatz erlaubt es dem Autor, von allen Möglichkeiten spannender Linienführung Gebrauch zu machen. Er braucht sich nicht mehr mit dem Problem breiter Schilderungen fremder Kulturen herumzuschlagen, sondern macht eine Art Kriminalroman aus den Ausgrabungs- und Entzifferungsbemühungen. Der Archäologe ist der Detektiv, der irgendwo eine Spur entdeckt hat und nun – das sind wiederkehrende Momente Ceramscher Inszenierung – gegen die Widerstände der Umwelt und quer zur Einschätzung der Fachwelt seinen einsamen Weg geht, der unweigerlich mit dem triumphalen Augenblick endet, in dem eine neualte Welt aus den Trümmern oder Inschriften ersteht. Dieses Muster bleibt sich in allen seinen Büchern gleich. Ceram hat es auf diese Weise geschafft, historischen Büchern, die er mit dem Terminus „Tatsachenromane" bezeichnet, die Spannung von Kriminalromanen zu geben, und dies, ohne dabei auf billige Effekthascherei zurückzugreifen. Sein eigentlicher „Erzähltrick" ist der, daß er darauf verzichtet, die Geschichte der ausgegrabenen Kulturen einfach nachzuerzählen – dies wäre das Muster üblicher historischer Romane gewesen. Statt dessen verändert er die Handlungshier-

[18] Vgl. Rolf Schörken (Kap. 4, Anm. 17) S. 25 – 39.

archie: das, was gemeinhin nur als Mittel zum Zweck angesehen wird, die Forschungsarbeit der Archäologen, wird bei ihm in den Rang einer Haupthandlung erhoben, während die fremde Kultur selbst, um die es den Archäologen ja geht, nur in Splittern auftaucht. Auf diese Weise gelingt es ihm, nach Herzenslust mit wirksamen Stilmitteln zu arbeiten, mit Spannungserzeugung, Konzentration auf Einzelpersonen, situativer Darstellung aus der Nahperspektive und geradezu theatralischer Steigerung der Emotionen zu einem Höhepunkt hin.

Ein solches Muster kann für die wissenschaftliche Geschichtsschreibung aus vielen Gründen nicht übernommen werden; die Konzentration auf die Entdeckungsprozesse nebst Vorgeschichten, die Heroisierung des Forschers und das Detektivmuster machen dies unmöglich. Für unsere Frage nach den Imaginationsimpulsen durch Darstellungsstrukturen und Stilmittel bilden Cerams Bücher jedoch ein interessantes Material, weil es ihm gelingt, für die Einbeziehung des Lesers in Handlung originelle Gestaltungsmöglichkeiten der Fiktionsliteratur fruchtbar zu machen, ohne daß inhaltlich die Grenze zum Fiktiven überschritten wird.

5.6. Sprache und Person

In den vorigen Kapiteln wurden die Impulse für die Imagination, die den Leser in Geschichte verstricken, hauptsächlich in der narrativen Linienführung aufgesucht. Es versteht sich aber von selbst, daß auch eine anschauliche, sinnliche Sprache solche Impulse ausübt. Im folgenden sollen einige Beispiele dafür angeführt werden, wie Personen in historischen Werken sprachliche Gestalt annehmen. Als vergleichenden Hintergrund ziehen wir dabei Personendarstellungen aus der schönen Literatur heran. Angesichts der Vielfalt von Personendarstellungen in der Historiographie beschränken wir uns lediglich auf eine Kernfrage. Es geht um den funktionalen Unterschied zwischen einer Person, die Bestandteil eines historischen Werkes ist, und einer Person, die in einen Roman gehört.

Zuvor eine Beobachtung, die sich auf die Kreativiät der Vorstellungsfähigkeit bezieht. Die Imagination braucht erstaunlich wenig sprachliche Impulse, um eine Person vor dem inneren Auge hervorzubringen.

> Der Kapitän steht an der Spiere,
> Das Fernrohr in gebräunter Hand,
> Dem schwarzgelockten Passagiere
> Hat er den Rücken zugewandt.

Mehr erfahren wir in der Ballade „Die Vergeltung“ der Annette von Droste-Hülshoff nicht von der äußeren Erscheinung des Kapitäns und des Passagiers. Wie bei einem kurzen Kameraschwenk fällt unser Blick auf die Hand des Kapitäns, wir erkennen gerade noch, daß sie gebräunt ist, offenbar handelt es sich um einen wettergehärteten Mann, und vom Passagier, immerhin der Hauptperson der Ballade, wird uns nur eine nichtssagende Zufälligkeit, das schwarzgelockte Haar, mitgeteilt. Das stört uns nicht, damit kommen wir aus. Unsere Vorstellungsfähigkeit braucht offenbar nicht viele Signale, um sich einen lebendigen Menschen vorzustellen. Es gibt Beispiele aus der erzählenden Literatur, die mit noch weniger Sprachsignalen auskommen. Das ist der Fall, wenn wir nur den Namen von einer Romanperson erfahren: man denke an „Josef K.“ bei Franz Kafka. Allerdings: mit dem Namen wird mindestens das Geschlecht und manchmal auch ganz grob das Alter geliefert.

Ich möchte dabei auf eine einfache Klassifizierung des sprachlichen Aufbaus von Personen zurückgreifen. Personen setzen sich sprachlich zusammen aus

- den Personalien, also den Informationen, die die bloße Identität bezeichnen – Identität hier verstanden in einem Sinn, wie er im Wort „Identitätspapiere“ gebraucht wird: Name, Geschlecht, Alter, ggfs. auch Beruf und Sprache.
- Darstellung des Äußeren.
- Darstellung des Inneren.

In Romanen herrscht zwischen diesen drei Elementen ein extremes Ungleichgewicht. Der mit Abstand größte Anteil sprachlicher Aussagen fällt in aller Regel auf die Darstellung des Inneren, das Äußere tritt demgegenüber zurück, es kann sogar ganz fehlen. Die Personalien dagegen sind, obwohl man sie aufs äußerste reduzieren kann, unaufgebbar.

Gilt dieses Verhältnis auch für die Personen der Historiographie? Will man diese Frage beantworten, muß man sich zunächst die verschiedenen „Aufgabenstellungen“ von Geschichtsschreibung und fiktionaler Literatur bewußt machen. Die Person, die der Historiker darstellt, hat es wirklich gegeben, und seine Aufgabe ist es, dieser vergangenen Wirklichkeit möglichst nahe zu kommen. Er kommt bei den Personalien nicht mit „möglichst wenig“ aus, sondern ist in bestimmten Fällen an ein „Möglichst viel“ gehalten, immer aber an ein „Möglichst treffend“. Bei der Darstellung des Äußeren wird man in Rechnung stellen, daß Porträts in vielen Fällen den Historiker von der Notwendigkeit ausführlicher Darstellung entlasten. Wo solche Porträts aber in die Irre führen oder nicht vorliegen, wird die Darstellung des Äußeren zu einem Stück Forschungsarbeit und ist als solche – und nicht nach künstlerischen Gesichtspunkten- zu bewerten. Darüber wäre zu fragen, wie wichtig das Äußere einer Person für den Historiker überhaupt ist. Nur selten hat es das Gewicht wie das Innere. Wie aber sieht das Innere einer Person für den Historiker aus? Ist es nicht etwas ganz anderes, als was es für den Romanautor ist?

Zwei Darstellungen ein und derselben Person aus zwei größeren Epochendarstellungen seien herausgegriffen. (Ich wähle Epochendarstellungen und keine Monographien, um den zu untersuchenden Text begrenzt zu halten, denn in Epochendarstellungen entfällt auf die Charakterisierung einer Person notwendig ein weit geringerer Raum als in einer Monographie; trotzdem muß das historisch Wesentliche ausgedrückt werden, und eben darum geht es hier.) Die ausgewählte historische Person ist Philipp II. von Spanien, die beiden Werke sind Gerhard Ritters „Neugestaltung Europas im 16. Jahrhundert" und Ernst Walter Zeedens „Hegemonialkriege und Glaubenskämpfe 1556 – 1648"[19].

Gerhard Ritter:

„In Spanien war er 1527 geboren, von der Mutter her portugiesischen, von der Großmutter her spanischen Blutes, sechzehnjährig mit einer portugiesischen Prinzessin vermählt, die er schon als Achtzehnjähriger (nach der Geburt des Don Carlos) wieder verlor. Aufgewachsen in spanischer Umgebung, erzogen in spanischer Sinnesart, betrachtete er sich selbst ganz als Kastilier und hat die Halbinsel nur einmal für längere Zeit verlassen: 1548, als sein Vater ihn zum Reichstag nach Augsburg rief. Nach dem Frieden von Cateau- Cambrésis kehrte er für immer dorthin zurück – nicht mehr ein Herrscher auf Reisen, wie die alten Feudalkönige und noch sein Vater, sondern vierzig Jahre lang seßhaft, ja geradezu ängstlich festgebannt in seiner Residenz. Getreu den Mahnungen der väterlichen Testamente gedachte er sich auf die Verteidigung seines ererbten riesigen Länderbesitzes zu beschränken, statt sich dessen Verwaltung durch neue Eroberungen noch mehr zu erschweren. Aber höher als alle Machtziele weltlicher Politik stand ihm – nach altspanischer Überlieferung – die Verteidigung des Glaubens und der Kirche gegen die Ungläubigen. Das bedeutete einmal: Kampf mit den Türken um die Herrschaft im Mittelmeer ...

Seiner äußeren Erscheinung nach war er freilich mehr Nordländer als Romane; von bleicher Gesichtsfarbe, hellblond, mit schmalem Vollbart, blauen Augen von eigentümlich starrem Blick, zarter und schlanker Figur,

---

19 Gerhard Ritter (Kap. 4, Anm.19) und Ernst Walter Zeeden: Hegemonialkriege und Glaubenskämpfe 1556 – 1648. Propyläen Geschichte Europas Bd. 2. (Propyläen) Frankfurt/Berlin/Wien 1977.

die hängende habsburgische Unterlippe und das übergroße, spitze Kinn weniger auffallend als bei Karl V., die Stirn tief gefaltet. Alles Trübe, Matte, Schwere des Vaters erscheint bei ihm, dem Abkömmling so vieler Verwandtenehen, noch gesteigert, die burgundisch-ritterliche Kampfeslust völlig verblaßt. Geblieben ist die Haupttugend Karls: die Unerschütterlichkeit der Überzeugungen, der einmal gefaßten Entschlüsse, die keine Widerstände scheut. Das hat seine Spanier begeistert, weil er ihre eigenen religiösen Überzeugungen verfocht. Aber eigentlich hat seine Natur nichts Fortreißendes, nichts Zündend-Geniales. Er übertrifft seinen Vater noch weit in der Gewissenhaftigkeit, mit der er die täglichen Amtsgeschäfte erledigt – ja, er übertreibt sie (wie so viele spätere Habsburger) zu gedankenloser Pedanterie ... Von der weltfernen Stille solcher Residenzen her (gemeint ist der Escorial, d. V.) regierte Philipp seine weitverstreuten Reiche – nichts weniger als ein brutaler Herrenmensch im Stil der Renaissance, sondern von Natur eher schüchtern, steif aus Verlegenheit – ein Einsamer, der sich gar nicht mehr recht an die Welt herantraut und sein Innerstes nur darum verschließt, weil er es keinem Fremdem zu zeigen wagt ...

Sein Regierungssystem vollendete den Absolutismus, den seine Vorgänger begründet hatte. Nicht mehr in dem großen „Staatsrat" der führenden Männer, sondern in der Person des Monarchen selbst sollten jetzt alle Staatsgeschäfte ihren Mittelpunkt finden. Er regierte ausschließlich „aus dem Kabinett, ähnlich wie später die preußischen Könige – nur daß er auch seine Kriege nicht als Heerführer, sondern ausschließlich vom Schreibtisch her führte. Seine Kabinettssekretäre waren oft mächtiger als seine Staatsräte. Wie eine Kreuzspinne in ihrem Netz, so saß er im Zentrum eines weitverzweigten Nachrichtendienstes, den seine Behörden, aber auch seine Spione unterhielten, die er in allen wichtigen Amtstellen besaß ..."[20].

Ernst Walter Zeeden:
„Philipp II. herrschte über ein Imperium. Die Last der Verantwortung für die Entscheidungen in der Verfassungs-, Bevölkerungs-, Kirchen- und Außenpolitik lag in letzter Instanz allein bei ihm. Er wollte sie unter allen Umständen tragen, doch er trug nicht leicht daran. – Philipp II., am 21. Mai 1527 in Valladolid geboren, war das älteste Kind und der einzige Sohn Karls V. Seine Mutter Isabella, eine portugiesische Prinzessin, eine kluge und schöne Frau, starb, als er gerade zehn Jahre alt war. Durch sie wurde er später der Erbe des Königreichs Portugal. Sein Vater gab sich viel Mühe, ihn auf den Herrscherberuf vorzubereiten und in die Regierungspraxis einzuführen. 1547 belehnte er den Zwanzigjährigen mit dem Herzogtum Mai-

[20] Ritter ebd. S. 215 – 217.

land, 1555 und 1556 übertrug er ihm in Brüssel die Regierungsgewalt über die Niederlande mit Burgund und über das vereinigte Königreich von Kastilien und Aragonien mit allen seinen Nebenlanden und Kolonien. Als Philipp die Nachfolge seines Vaters antrat, fiel ihm, bedingt durch Frankreichs und Österreichs Schwäche, die Vormacht über Mittel- und Westeuropa sozusagen in den Schoß. Während seiner ungewöhnlich langen Regierungszeit suchte er die ererbte Position zu erweitern, mußte sie aber zugleich verteidigen. Philipp II. führte Spanien auf den Höhepunkt seiner Macht, lernte dabei jedoch auch deren Grenzen kennen ...

Der König nahm an den Sitzungen der Ratsgremien für gewöhnlich nicht teil, sondern verkehrte mit ihnen schriftlich, „aus dem Kabinett". Im Kabinett traf er persönlich die fälligen Entscheidungen. Sein leitender Sekretär koordinierte den Geschäftsgang in den Ratsgremien; er entwickelte dadurch sein Amt, das Staatssekretariat, im Laufe des 16. Jahrhunderts faktisch zur obersten Zentralbehörde in der spanischen Monarchie. Philipp II., bedächtig und gewissenhaft, kümmerte sich auch um untergeordnete Dinge. Da in einem Imperium wie dem spanischen laufend ein Stapel von Sachen zu erledigen war, schleppten sich die Entscheidungen oft über Gebühr lange hin; denn trotz fleißiger täglicher Arbeit kam der König mit der Fülle der Eingänge nicht mit. So rissen die Klagen über den zögernden Gang der Geschäfte niemals ab. „Alles geht bei uns von morgen auf übermorgen, und der Hauptentschluß ist, in allem stets unentschlossen zu bleiben," schrieb 1565 Thomas Granvelle an seinen Bruder Antoine, Philipps Stellvertreter in der niederländischen Verwaltung.

Dennoch ist gar nicht zu bestreiten, daß Philipp II. stramm regierte. Trotz größter Umsicht und Behutsamkeit fällte er gegebenenfalls riskante Entscheidungen und konnte auch hart zugreifen: in den Niederlanmden, in Frankreich; gegen England, gegen den Papst. Was Spanien außenpolitisch in der zweiten Hälfte des 16. Jahrhunderts tat, trug Philipps Handschrift. Der König war für seine Person kein Theoretiker. Er verfuhr in seinem Regiment jedoch dergestalt nach den Grundsätzen sowohl des Staatsinteresses als auch der Alleinherrschaft, daß sich daraus eine Theorie der Staatsraison und des Absolutismus bis zu einem gewissen Grad ableiten ließ ... Herrschaft war für ihn Dienst, nicht Genuß der Macht. Aber er wollte uneingeschränkt herrschen, weil er nach eigener Aussage nicht glaubte, daß ein in seinen Befugnissen eingeschränkter König sein Volk gut regieren könne"[21].

---

[21] Zeeden ebd. S. 83 – 86.

Im Ganzen überwiegen bei beiden Autoren die Übereinstimmungen. Deutliche Unterschiede sind nur bei der Darstellung des Äußeren erkennbar. Ritter legt eine beinahe malende Beschreibung der Gesichtszüge des Königs vor, Zeeden verzichtet darauf, sei es, weil ein Porträt auf derselbe Seite des Buches eine solche Beschreibung entbehrlich macht, sei es, weil ihm eine verbale Porträtierung überhaupt entbehrlich erscheint.

Die Personalien haben ersichtlich eine andere Funktion als bei einer Romanperson. Zu diesen Personalien gehört die Genealogie, und Herrschergenealogien sind mehr als bloße Identitätsmerkmale. Vielmehr wird in ihnen politisches Erbe benannt und damit politische Aufgabenstellung. Daran wird die Funktion derartiger Personalien in historischen Texten gut sichtbar: sie haben Verweisungscharakter, sie beschreiben eine politische Konstellation, nicht einfach ein Personenmerkmal.

Etwas durchaus Vergleichbares läßt sich bei der Charakterisierung der Person feststellen. Ritter hebt die Gewissenhaftigkeit und Pedanterie, verbunden mit der Unerschütterlichkeit der einmal gefaßten Überzeugung, hervor. Zeedens Charakterisierungen liegen auf derselben Linie bei etwas stärkerer Betonung der Zähflüssigkeit der Staatsgeschäfte, die durch die Genauigkeit und Langsamkeit der königlichen Entscheidungsfindung herbeigeführt wurde. Verfolgt man die sprachliche Abfolge dieser Charakterisierungen bei beiden Autoren, fällt auf, daß der Gedankengang sogleich weiterläuft in Richtung auf Herrschaftstil und Herrschaftsausübung (Bei Ritter: Ein Einsamer, schüchtern – Kabinettspolitik – „wie eine Kreuzspinne im Netz“ – Blüte der Zentralverwaltung. Bei Zeeden: Gewissenhaftigkeit – Langsamkeit der Entscheidungen – trotzdem strammes Regieren, hartes Durchgreifen und Staatsraison eigener Art). Die Elemente der Charakterisierung laufen auf ein Allgemeines zu, auf die Politik des 16. Jahrhunderts. Selbst die noch am stärksten ins Persönliche gehenden Charakterzüge – „blutiger Bürokrat“, „tyrannisch“ oder „streng gerechter und treuer Völkerhhirt im Stil mittelalterlicher Fürstenspiegel“ – meinen eben doch Politisches. Nur ein einziges ausmalendes Personenmerkmal trägt keine funktionalen Züge: die Kennzeichnung „eine kluge und schöne Frau“ für Philipps Mutter Isabella bei Zeeden.

Was der Historiker von einer Person, die er darstellt, „braucht“, ist die Wirkung ins Politische. Charakteristiken in historischen Werken sind kleine Wirkungsgeschichten.

In deutlichem Gegensatz dazu stehen literarische Darstellungen historischer Personen. Sie rücken andere Elemente der Person in den Vordergrund.

Auch dies sei an einem Beispiel verdeutlicht, das wieder Philipp II. zum Gegenstand hat, aus Hermann Kestens historischem Roman „ König Philipp II.“, erschienen 1938.

Philipps erstes Auftreten zu Anfang des Buches:

„Philipp wartete auf den Wind. Er stand am Fenster seines Hauses zu La Coruna und blickte auf das Meer. Im ungeheuren Licht schimmerten wie Sommerwolken die weißen Segel seiner hundert Schiffe. Bald trugen sie ihn zur Hochzeit.

Als Philipp sich setzte, öffneten die Diener die Türen zum Vorsaal. Zwei Erzbischöfe kamen zur letzten Audienz, jeder mit zwei Mönchen. In zwei feindlichen Gruppen standen sie, als fürchteten sie, sich anzustecken.

„Die Kirche ist in Gefahr“, begann sogleich Valdez, der Erzbischof von Sevilla. Er war der Großinquisitor von Spanien, der Hüter des Glaubens. „Wenn man ungestraft am Hofe des Infanten Philipp die Grundsätze des Christentums angreifen darf; wenn die berufenen Hüter des Glaubens die Ketzerei hegen, statt sie zu zertreten, ... so frage ich, mit welchem Recht zieht der künftige König von Spanien aus, die englischen Ketzer zu verbrennen?“

... Der Hofprediger Carranza antwortete: „Ich klage unsere Kläger als Hochverräter an!“ Und er hob den Zeigefinger und deutete auf Valdez und seine beiden Mönche.

... Da Philipp allein blieb, fühlte er eine unbestimmte Trauer. Er ging nachdenkend einige Male durchs Zimmer und befahl, die fernern Audienzen abzusagen. Er setzte sich an seinen Schreibtisch und begann zu schreiben. Er liebte es, zu schreiben. Schreibend dachte er. Schreibend kam er sich am nächsten. Schreibend vergaß er seine Angst. Philipp hatte Angst seit seinen ersten Kinderjahren. Philipp hatte Angst vor dem Tod.

Aber er hatte auch die große Sicherheit derer, die schon jede Furcht erprobt haben. Er wollte dauern und war sicher, lange zu dauern. Er sah die allgemeine Gebrechlichkeit der Welt, aber er sah auch das Heil nahe. Alles war einfach. Lauter Christen, dachte Philipp, und keinen König aller Christen. Es war, als wartete die Welt darauf. Nun, dachte Philipp, nun bin ich da“[22].

Konnte man in den historiographischen Beispielen sehen, wie Persönlichkeitsmerkmale unter dem Gesichtspunkt ihrer Bedeutung für Politisches angelegt waren, macht man hier eine entgegengesetzte Beobachtung: Wo

[22] Hermann Kesten: König Philipp II. Ullstein Werkausgabe. (Ullstein) Frankfurt/Berlin/Wien 1982, S. 17 f. und S. 29.

Politisches behandelt wird, wird es auf Persönliches zurückgeführt. Das Streitgespräch zwischen den beiden kirchlichen Würdenträgern dient dazu, die geheimen, nur in seinem Denken und Empfinden vorhandenen Reaktionen Philipps darzulegen. Daran wird eine förmliche Wesensbeschreibung angeschlossen, die mehr ist als nur ein einzelner Charakterzug („Philipp hatte Angst vor dem Tod. Er wollte dauern und war sicher, lange zu dauern"). Zu solchen Versuchen, bis ins Innerste einer Person vorzudringen, ja ihr das letzte Geheimnis zu entreißen, ist die Innensichtperspektive unbedingt notwendig. Das zweite Gestaltungsmerkmal ist die situative Darstellung: alles, was geschieht, auch das Nachdenken, auch die politische Reflexion, ist an konkrete Situationen gekettet. Beide Gestaltungsmerkmale sind für den Historiker bedenklich, die Innensichtperspektive aus grundsätzlichen Erwägungen, weil darin ein Verstoß gegen das Realismusprinzip steckt, und die situative Darstellung aus Gründen, die eher etwas mit der notwendigen oder wünschenswerten Umfangsbegrenzung historiographischer Werke und mit dem Entwicklungsstand der Geschichtswissenschaft zu tun haben[23].

Der Autor historischer Romane macht in den historischen Gestalten den „Menschen", und d.h. konkret, die Person mit ihren Gefühlen, Leiden, in ihrer Liebe, Religiosität, ihrem ganzen In-der-Welt-Sein sichtbar. Für den Historiker ist dagegen Bedeutung und Wirkung der dargestellten Person für ein Allgemeines (Politik, Gesellschaft, Sitte, Wirtschaft, Rollenverhalten usw.) wichtig. Die Züge einer Person, von denen eine solche Bedeutung und Wirkung nicht ausgeht, können für ihn zurücktreten oder weggelassen werden. Gewiß können auch eine Liebesbeziehung oder ein Trauerfall einer darzustellenden Person für den Historiker interessant sein, dies aber nur dann, wenn sie irgendwo aus dem rein privaten Bereich heraustreten und bedeutsam werden für einen Zusammenhang, der das Private transzendiert. Umgekehrt kann der Autor eines historischen Romans nicht darauf verzichten, auf die historische Wirkung einer dargestellten Person näher einzugehen, er wird diese Wirkung aber aus dem, was man gern das „Menschliche" nennt, entwickeln und wieder dahin zurückmünden lassen.

Je peripherer eine Person in einem historischen Werk angelegt ist und je knapper demgemäß der Umfang ihrer sprachlichen Darstellung ist, umso rigoroser wird von der erwähnten Funktionalität Gebrauch gemacht. Das Äu-

[23] Historiker des 19. Jahrhunderts haben oft situativ erzählt. Man mag aber bedenken, daß solche situativen Darstellungen leicht dem unvermeidlichen Erkenntnisfortschritt der Wissenschaft zum Opfer fallen: Ist eine Situation einmal anschaulich dargestellt worden, kann dies nicht immer und immer wieder geschehen. Man muß voraussetzen, daß der halbwegs eingearbeitet Leser die Einzelheiten längst kennt.

ßere kann ganz entfallen, von den Personalien bleiben oft nur Name (und damit Geschlecht) und Amt (Beruf, Rang, Rolle), und die Charakterisierung wird strikt auf die politische Wirkung konzentriert. Ein Beispiel aus der Zeitgeschichte: In Hans-Ulrich Thamers „Verführung und Gewalt" ist bei der Kurzcharakterisierung von Albert Speer gerade noch im zweiten Satz ein letzter Rest von „nichtfunktionalem" Persönlichkeitsmerkmal zu erkennen, aber auch der schon ausgerichtet auf den weiteren politischen Lebensweg Speers:

„Albert Speer, 1931 mit 28 Jahren zur Partei gestoßen, wurde nach dem frühen Tod Troosts der eigentliche Baumeister des Dritten Reiches, weit über seinen offiziellen Titel „Generalinspekteur für die geplante Neugestaltung Berlins" hinaus. Der begabte Lieblingsassistenz Tessenows entwickelte einen Neoklassizismus, der auf dem oberen Niveau der gleichzeitigen europäischen Tendenzen lag; auf der Pariser Weltausstellung 1937 erhielt Speer die Goldene Medaille. Nach dem Molotow-Ribbentrop-Pakt erbat Stalin eine Ausstellung seines Werkes im Kreml, was Hitler allerdings untersagte, da man seinen Lieblingsarchitekten möglicherweise in Moskau festhalten und ihn zwingen werde, Staatsarchitektur für die Sowjetunion zu errichten. Nach dem Tode Todts 1942 ernannte Hitler den zufälligerweise gerade im Führerhauptquartier anwesenden Speer zu dessen Überraschung zum Reichminister für Bewaffnung und Munition. Das organisatorische Improvisationsgenie Speers, der die Reorganisationspläne Todts weiterführte und auf Rathenaus Produktionsformen aus der Zeit des Ersten Weltkriegs zurückgriff, bewährte sich tatsächlich in einer extremen Steigerung der Rüstungsproduktion, die unmittelbar vor dem endgültigen Untergang im Herbst 1944 auf dem Höhepunkt des Luftkriegs ihren Zenit erreichte"[24]. Es bleibt von der Person nur das, was die politische Wirkung in einem objektivierten Zusammenhang ausmacht.

Von einer äußersten Minimalisierung der sprachliche Ausstattung der Person kann man dort sprechen, wo eine historische Person nur ein einziges Mal in aller Kürze erwähnt wird; hier stößt man auf eine nicht mehr weiter reduzierbare Struktur. Ein beliebiges Beispiel:

„Gleichwohl erklärte wenige Wochen vor dem Ausbruch des Bürgerkriegs der Ministerpräsident der Volksfrontregierung, der bürgerliche Liberale Casares Quiroga, die Regierung führe einen Kampf gegen den Faschismus. Das deckte sich ebenso wenig mit der Wirklichkeit wie die Angst der Rechten vor der angeblich unmittelbar bevorstehenden bolsche-

[24] Hans-Ulrich Thamer: Verführung und Gewalt. (Siedler) Berlin 1986. S. 716.

wistischen Revolution“[25]. Casares Quiroga tritt nur an dieser Stelle auf, er gewinnt keine Umrisse, sprachlich besteht er nur aus Name, Amt und einem Handlungszusammenhang, innerhalb dessen er eine politische Wirkung ausübt. Dieser politische Zusammenhang ist der Gegenstand des Kapitels, und er kommt überhaupt nur deshalb vor, weil er in diesen Zusammenhang eingegriffen hat.

Ein vergleichbares, etwas anders liegendes Beispiel aus Horst Fuhrmanns „Einladung ins Mittelalter“: „Lorenzo Valla (gest. 1457) erwies mit hauptsächlich sprachlichen Argumenten die konstantinische Schenkung als Fälschung“[26]. Hier ist die Person zu einer bloßen Namenserwähnung geschrumpft. Wir erfahren nicht mehr, wer Valla ist, können ihn allenfalls chronologisch verorten, aber daß er seiner Leistung, seiner Wirkung wegen erwähnt wird, ist eindeutig.

Die sprachliche Mininmalausstattung einer (Neben-)Person in einem historischen Werk kann man also so beschreiben: Name plus Wirkungsimpuls. Ein Weniger ist nicht möglich. Etwa nur den Namen anzuführen und sonst nichts, geht nicht an, weil man dann nicht weiß, was der Name überhaupt soll.

Auch hier sei als Vergleichshintergrund noch einmal ein Beispiel für den literarischen Umgang mit Nebenpersonen gegeben: Frau Stöhr, Patientin auf dem Berghof in Davos, aus dem „Zauberberg“:

„Die linke Hand hielt sie geballt in der Nähe ihrer Wange, während sie speiste, und bemühte sich sichtlich, beim Sprechen eine feingebildete Miene zu machen, indem sie die Oberlippe von ihren schmalen und langen Hasenzähnen zurückzog. Sie klagte über ‚Schlaffheit‘. ‚Ich bin so schlaff‘, sagte sie gedehnt und zierte sich auf ungebildete Weise. Auch habe sie beim Aufstehen schon 37,1 gehabt, wie werde es erst nachmittags sein.“

Es ist auf den ersten Blick sichtbar, wie anders, ja geradezu gegenläufig eine solche Nebenfigur im Vergleich zu Nebenfiguren in historiographischer Literatur aufgebaut ist: ganz vom sinnlichen Eindruck her und eingelagert in eine konkrete Situation. Sie ist zunächst das, was man sehen und hören kann. Darstellung des Äußeren und Charakterisierung fallen weitgehend in eines zusammen: die Art, wie sie spricht und sich gibt, spiegelt ihr Wesen. Die Personalien sind vergleichsweise beiläufig. Daß sie Stöhr heißt, ist im Grunde unwichtig. Während in einem historischen Kontext die Personalien wichtigstes Identitätsmerkmal darstellen, weil sie die Historizität der Person überhaupt erst sicherstellen, sind Personalien in Romanen oft

---

25 Ebd. S.545.

26 Horst Fuhrmann: Einladung ins Mittelalter. (Beck) München 1987. S. 216.

geradezu als Annex von Charakter und Handlung zu verstehen – dies besonders bei Thomas Mann, wo die Namengebung oft ein Stück skurriler Charakteristik ist. In der Fiktion ist das Moment der Übereinstimmung mit einer vorgegebenen Person gegenstandslos, in der Historiographie dagegen entscheidend. Der Hauptgesichtspunkt des Personenaufbaus in der Historiographie und im historischen Roman, die Verklammerung mit dem politischen (sozialen usw.) Geschehen, muß in der fiktionalen Literatur nicht unbedingt eine Rolle spielen. Die Person „ist" in der Geschichtsscheibung etwas anderes als in der fiktionalen Literatur: Sie „ist" ihre Bedeutung für den historischen Prozeß. Dies wird bei den knappen Personenzeichnungen von Nebenpersonen, wo alles Entbehrliche auf den letzten Kern reduziert wird, deutlicher als bei den Hauptpersonen mit ihrer viel reicheren Darstellung, aber es gilt für diese grundsätzlich genau so. Auch bei Hauptpersonen, die etwa den Mittelpunkt von historischen Monographien bilden, sind „Wirkung" und „Bedeutung" die Elemente, die umso ausführlicher dargestellt werden, je umfänglicher das Werk ist. Dies gilt keineswegs nur für den Typus des Täters, des aktiven Handelnden, sondern auch für die passiven Erleider, nur daß dann „Wirkung" und „Bedeutung" inhaltlich anders definiert sind.

Vergleicht man die beiden verschiedenen Aufbautypen unter dem Gesichtspunkt, welche Impulse auf die Imagination sie ausüben, so ist offenkundig, daß die leichtere Vorstellbarkeit bei den fiktiven Personen liegt. Die viel eingehendere Darstellung des Innenlebens, aber auch die durchgängige Situationsgebundenheit lassen die fiktive Person einer Person gleichen, der man in der Lebenswelt begegnen könnte. Der schmale Ausschnitt, der dagegen von der historischen Person gegeben wird, vor allem aber die Ausrichtung auf Wirkungen und Bedeutungen im historisch-politischen Geflecht, setzen der Vorstellbarkeit Widerstände entgegen. Die historische Person ist, was ihre Wirkung auf die Imagination angeht, vergleichsweise spröde. Allerdings: Je genauer die Hintergrundkenntnis des Lesers ist, umso größer wird seine Möglichkeit, die alles entscheidenden Momente „Wirkung" und „Bedeutung" zu füllen und damit sehr wohl zu einem Nachvollzug von Motiven, Absichten, Erwartungen, Enttäuschungen zu kommen. Gerade weil die historische Person immer Moment eines übergreifenden Geschehenszusammenhangs ist, verlebendigt sie sich für den Leser in diesen Zusammenhang hinein.

6. Imagination und Geschichtsdidaktik

Die Fallhöhe von Theorie zur Unterrichtspraxis ist – wie immer – auch in diesem Fall groß. Mit unmittelbaren, kurzerhand umzusetzenden Folgerungen für die Praxis möchte ich mich zurückhalten, weil dazu erst einmal einmal abgewartet werden müßte, ob die grundsätzlicheren Überlegungen, die hier vorgetragen werden, sich in der Fachdiskussion als tragfähig herausstellen. Immerhin komme ich zu einer Reihe von Konsequenzen. Sie laufen auf Neueinschätzungen und Veränderungen geschichtsdidaktischer Denkgewohnheiten und auf eine Erweiterung des Lernbegriffs hinaus. Am nächsten an praktischer Verwertbarkeit liegen die Ausführungen über das Erzählen. Sie münden in eine lange innerdidaktische Diskussion ein und führen sie weiter (dazu Kap. 7).

Zunächst sollen die Ausführungen über die Imagination im geschichtlichen Denken auf ihre didaktischen Konsequenzen durchgegangen werden. Dabei darf man der Frage auch nicht ausweichen, ob die im ersten Teil genannten Begriffe des Vertrauten, des Verstricktseins, des Vorstellungsbildes und des Hintergrunds, die ja wahrhaftig nicht zum klassischen Begriffsrepertoire der Geschichtstheorie und der Didaktik gehören, denn überhaupt einen Erkenntniswert für den Geschichtsunterricht haben.

Ist – um mit Kap. 1 zu beginnen – der Begriff des „Vertrauten" überhaupt didaktisch brauchbar? Ein erster Einwand mag sich sogleich aufdrängen: Geschichte kann dem Schüler niemals wirklich „vertraut" sein. Er wird ja erst in kleinen Schritten eingeführt. Ist ein Dreizehnjähriger, der soeben die Gracchen im Unterricht behandelt hat, deshalb schon „vertraut" mit der römischen Republik? Ist der Begriff des Vertrautseins für den bescheidenen Kenntnisstand von Schülern nicht zu hoch gehängt?

Wir können diese Frage offen lassen, denn die Pointe der didaktischen Nutzanwendung liegt woanders.

Es ist in der Praxis des Geschichtslernens üblich und als Norm unangefochten, den Lernprozeß auch im Fach Geschichte grundsätzlich als einen Annäherungsprozeß an etwas Fremdes, Neues, noch nicht oder nur teilweise Bekanntes aufzufassen. Ricoeur dagegen legt den Akzent anders. Es kommt ihm auf die Dialektik von Annäherung und Distanzerfahrung an, wobei der richtige Abstand eben gerade nicht ein für allemal feststeht, sondern als doppelläufiger Prozeß zu verstehen ist. Es geht um das kontrastreiche Spiel der Gewinnung eines ‚richtigen' Abstands zwischen Vertrautem und Unvertrautem, zwischen Nähe und Distanz. In Verfolg der Ricoeurschen Ergebnisse müßte geschlossen werden: Es ist nicht die beste Form des historischen Lernens, die Schüler auf einfachstem und raschestem Weg zu einem Gefühl der Nähe zu historischen Epochen, Tatbeständen und Zusammenhängen zu führen. Vielmehr müßte es darauf ankommen, im Lernprozeß Raum zu schaffen für ein Spiel von Annäherung und Verfremdung. Der Gefahr einer zu glatten und illusionären Annäherung kann begegnet werden durch eine „auf Brüche abzielende Strategie des Unvertrauten"[1], die im Vertrauten das Fremde zutage fördert und zu Bewußtsein bringt.

Das hört sich kompliziert und nach Überforderung der Schüler an, ist aber schon in den Anfangsjahres des Geschichtsunterrichts leicht zu verwirklichen. Ein Beispiel aus einem neuen Lehrbuch[2]: Der Mittelalterband beginnt mit einer kleinen Episode, die von Thietmar von Merseburg stammt – ein Hund läuft von weitem auf einen Mann zu, beißt ihm die rechte Hand ab und rennt schweifwedelnd davon. Man fragt den Verletzten, was er getan habe, und der antwortet, er habe vor langer Zeit den Herrn des Hundes im Streit getötet, „jetzt aber, als ich alles vergessen glaubte, bin ich Schuldbeladener ihm wieder begegnet. Nun weiß ich, daß hier oder beim Jüngsten Gericht niemand seine ungesühnte Schuld verheimlichen kann."- Ein Hund führt die Strafe Gottes aus. Die Geschichte klingt für die Ohren des heutigen Schülers unglaubwürdig, für den mittelalterlichen Menschen ist sie selbstverständlich, weil die Allgegenwart Gottes selbstverständlich ist.

Mitten in die Annäherungsphase – es handelt sich, wie erwähnt, um den Einstieg ins Mittelalter – werden bereits Fremdheitserfahrungen eingebaut: das Unvertraute bewirkt Lernimpulse.

Eine solche „Strategie des Unvertrautmachens" (Ricoeur) bedarf der Kenntnis des Vorverständnisses und des Erwartungshorizontes der Schüler, denn Sinn macht das Unvertrautmachen erst dann, wenn bereits eine zu rasche, oberflächliche Annäherung stattgefunden hat und wenn der Erwartungshorizont zu eindeutig fixiert ist. Das Unvertraute ist ja immer auch das Unerwartete. In solchen Fällen sollten kleine Schwierigkeiten, Denkanstöße, unerwartete Wendungen usw. zu Lernhindernissen führen, die in Wahrheit nur Hindernisse für eine zu schnelle und oberflächliche Aneignung sind.

---

1 Paul Ricoeur (Einleitung, Anm.7) Bd. III, S. 275.

2 Gemeint ist das neue Geschichtslehrbuch für Gymnasium, Sek. I, „Rückspiegel", Bd. 2, des Schöningh-Verlags Paderborn.

Eine solche didaktische Vorstellung mag ungewohnt sein. Der Geschichtslehrer, der seine liebe Mühe damit hat, ferne Zeiten überhaupt irgendwie in den Horizont der Schülern hineinzuholen, wird sie vielleicht als eine unnötige Erschwernis seiner täglichen Arbeit ablehnen. Es ist aber dabei folgendes zu bedenken:

Die Strategie des Unvertrautmachens gewinnt ihren pädagogischen Sinn erst vor dem Hintergrund der veränderten Lebensumwelt der Jugendlichen. Außerhalb des Geschichtsunterichts sind die Zugänge zur Geschichte im Laufe unseres Jahrhundert unerhört erleichtert worden; das gilt vor allem für die letzten vier Fernseh-Jahrzehnte. Angesichts des hohen Anteils historischer Themen am Programm erfährt kaum noch ein Zuschauer die Vergangenheit als etwas anderes als eine Art verwischter Gegenwart. Die Grenzen sind undeutlich, die Dauergewöhnung nimmt dem Vergangenen den Stachel des Fremden, und gerade deshalb ist die Gefahr eines oberflächlichen Zugangs größer denn je.

Dies ist ein wichtiger Grund, weshalb mitten im Aneignungs- und Verstehensprozeß Widerstände aufgerichtet werden müssen. Ein Stutzen auf allzu eingeschliffenen Bahnen, ein Sich-Verwundern inmitten des scheinbar Vertrauten ist die Voraussetzung dafür, daß sich ein fortgeschrittenes Verhältnis zur Geschichte überhaupt erst in Gang setzen kann.

Im Zusammenhang mit dem im 1. Kapitel zur Sprache gekommenen Komplex „Fremdverstehen" soll noch eine Anregung aufgenommen werden, die aus der jüngeren geschichtsdidaktischen Diskussion stammt. Das Fremdverstehen hat ja nicht nur kognitive, sondern auch emotionale Seiten, und darauf machen einige Beiträge des Sammelbandes „Emotionen und historisches Lernen"[3] aufmerksam. Die Imaginationsthematik kommt in diesem Band allerdings nur ganz am Rand in den Blick. Deshalb sind einige ergänzende Überlegungen angebracht. Zunächst ist die – selbstverständliche – Aussage zu treffen, daß auch die Gefühle von historischen Gestalten oder Gruppen vorgestellte Gefühle sind, sie bleiben, wie alle Momente, mit denen wir der nicht mehr vorhandenen Wirklichkeit ein refiguriertes Leben einhauchen, im Medium der Imagination. Pointiert gesagt: Die Gefühle, die Caesar unmittelbar vor seinem Tod, die Heinrich IV. in Canossa, die die Bewohner einer belagerten Stadt vor der Erstürmung gehabt haben, sind genau so vergangen wie die Personen selbst. Wir erfüllen sie mit (mimetischem) Leben mit Hilfe eines Transferaktes, indem wir bestimmte Übertra-

---

[3] Bernd Mütter / Uwe Uffelmann (Hrsg.): Emotionen und historisches Lernen. Forschung – Vermittlung – Rezeption. Schriftenreihe des Georg-Eckert-Instituts Bd. 76. (Diesterweg) Frankfurt a.M. 1992.

gungen aus unserm eigenen Gefühlshaushalt durchführen. Wir glauben, Caesars Gefühle vor seiner Ermordung verstehen zu können, weil wir uns das plötzliche Bewußtsein, von den Freunden verraten worden zu sein, vorstellen können, oder weil wir die Ängste in einer belagerten Stadt nachvollziehen können. Das verborgene Glied in der Kette der Übertragungsakte liegt darin, daß wir auf Bekanntes aus unserm eigenen Leben zurückgreifen: wir haben alle schon einmal Angst gehabt, sind alle schon einmal von Freunden enttäuscht worden, haben uns vielleicht wie Heinrich IV. schon einmal gedemütigt, um etwas zu erreichen, oder können uns das doch vorstellen. Dies setzt voraus, daß die Gefühle – wenigstens ein bestimmter Satz von Grundgefühlen – allen Menschen gemeinsam, also überhistorisch ist. Empirisch ist diese Frage gar nicht zu klären, als eine lebensweltliche Grundüberzeugung der meisten Menschen dieser Welt ist sie eine stillschweigende Voraussetzung für praktiziertes Fremdverstehen. Einer der nachdenkenswertesten Beiträge des Sammelbandes thematisiert dieses Problem an einem Unterrichtsbeispiel. Es ist Peter Knochs Beitrag „Luftkrieg 1940-45“[4]. Es geht in diesem Aufsatz darum, anhand von authentischen Aufzeichnungen die Ängste der Menschen in den Luftschutzkellern, aber auch die der Bomberbesatzungen bei Flakbeschuß nacherlebbar für Schüler zu machen. Damit macht sich Knoch an das schwierige Geschäft der Vermittlung von Grenzerfahrungen in Extremsituationen heran. Bedenkt man, daß Todesangst, Folter, das Ausgeliefertsein von Häftlingen in Lagern, schwere Verwundungen u.a. die „wirklichste“ der verschiedenen Wirklichkeiten von Krieg ist, darf man Knochs Beitrag als einen Schritt in geschichtsdidaktisches Neuland ansprechen. Dennoch stellt sich die Frage, ob eine solche Vermittlung von Extremsituationen überhaupt möglich ist. Knoch stellt zwar in Rechnung, daß wir „nicht stillschweigend die Dekkungsgleichheit von erlebter und nacherlebter Angst voraussetzen dürfen“[5], doch übersieht er möglicherweise, daß sich der gesamte Aufsatz im Feld der nacherlebten Angst bewegt. Die authentischen Aufzeichnungen sind ja auch nachträgliche Niederschriften, also Spiegelungen, und was davon im Schüler ankommt, sind weitere Spiegelungen, also sekundäre Wirklichkeiten, die sich im Raum der Imagination vollziehen. Der Niederschreibende stellt sich vor, was er empfunden hat, als er Todesangst erlitt, und der Leser stellt sich das wiederum vor. Diese Anmerkung ist keine Kritik an Knoch, sie dient nur der theoretischen Klarstellung. Todesangst, äußerste Ohnmacht, Erniedrigung, Schmerzen sind nur in Realsituationen erfahrbar. Wir

[4] Peter Knoch. In: Mütter/Uffelmann, ebd., S. 255 ff.
[5] Ebd. S. 276.

können sie nicht simulieren. Ich meine, daß genau hier der Punkt erreicht ist, wo alle pädagogische Kunst der Vermittlung an ein Ende gekommen ist.

Die didaktischen Folgerungen aus Kapitel 2 betreffen die Hintergrundproblematik, dies besonders deshalb, weil der Hintergrund das Nicht-Manifeste ist und deshalb keinen Aufmerksamkeitswert besitzt. Nur der geschulte Leser wird auf etwas aufmerksam, was nicht vorkommt. Wir hatten oben das Augenmerk darauf gerichtet, daß die Hintergrundkenntnis entscheidend ist für das richtige Verständnis historischer Texte. Denkt man nun daran, daß der Großteil aller methodischen Arbeit mit Schülern sich auf Quelleninterpretaion, Textverständnis, Bildinterpretation usw. bezieht, so sind das gemäß unserer Nomenklatur lauter Vordergrundphänomene. Schüler haben im Geschichtsunterricht in aller Regel (– wieder gemäß unserer Nomenklatur –) nur mit Vordergrund zu tun. Um an den unsichtbaren Hintergrund heranzukommen, muß er sichtbar gemacht werden. Wird er aber zur Sprache gebracht, verwandelt er sich in Vordergrund. Eine andere Möglichkeit, an ihn heranzukommen, gibt es nicht. Deshalb drängt sich eine Lernübung als Konsequenz aus dem Gesagten unmittelbar auf: die methodischen Formen des Geschichtsunterrichts durch gezielte Vordergrund – Hintergrund – Wechsel zu erweitern. Dabei käme es darauf an, die Unterschiedlichkeit, ja Gegensätzlichkeit z.B von historischen Deutungen angesichts eines unterschiedlichen Hintergrundverständnisses sichtbar zu machen. Dafür bieten sich alle Themen an, bei denen ein und dasselbe Phänomen auffallend unterschiedliche, ja gegensätzliche Wertungen erfährt. Das liegt oft dann eben nicht am Phänomen, sondern an dem Hintergrund, den die Urteilenden mitbringen. An praktischen Gelegenheiten im Geschichtsunterricht kann es nicht fehlen. Beispiele: die oben angeführte Episode des Thietmar von Merseburg, die dem einen, je nach der Art seines stummen Bezugsfeldes, als Beispiel für die fromme Abstrusität von Aberglauben, dem anderen als eindringliches Beispiel für die Besonderheit der mittelalterlicher Weltsicht gelten mag. Ein Beispiel von politischer Brisanz: Wenn die pointierte Beteiligung russischer Juden am frühen Sowjetsystem sich für den liberalen Betrachter als selbstverständliche Bemühung um Emanzipation, für den faschistischen als Beleg für ihre rassische Verderbtheit darstellte, so sind es die mitgebrachten Denkstrukturen, nicht das Phänomen selbst, welche für die extrem gegensätzlichen Deutungen verantwortlich sind.

Eine weitere didaktische Konsequenz aus den Vordergrund – Hintergrund – Überlegungen betrifft das Verhältnis von Narratio und Begriff. Wenn in der ersten Hälfte unseres Jahrhunderts für den Geschichtsunterricht das Prinzip „Vom Besonderen zum Allgemeinen“ gültig war, dann stammte diese Vorstellung aus der allgemeinen Pädagogik, harmonisierte allerdings besonders mit den didaktischen Prinzipien des Geschichtsunterrichts, weil unter dem Einfluß des späten Historismus das Allgemeine mit einem gewissen Mißtrauen betrachtet wurde und es so etwas wie Begriffslernen z.B. noch gar nicht gab. Der Geschichtsunterricht war bis zum Abitur unangefochten und alternativlos narrativ. Diese Ausrichtung hat sich in den 60er und 70er Jahren umgedreht. Auf die Schuldidaktik aller Fächer wirkten nun kognitive Lerntheorien, die über ein empirisch entwickeltes Instrumentarium zum besseren Verständnis der Unterrichtsprozesse führten. Von großer Bedeutung dabei waren die Taxonomien Benjamin S. Blooms, die es ermöglichten, auf der Grundlage einer systematischen Staffelung aller denkbaren kognitiven und emotionalen Lernleistungen die Lernprozesse im Unterricht besser als vorher verstehbar, planbar und kontrollierbar zu machen. Blooms Taxonomien des Wissens und der intellektuellen Fähigkeiten und Fertigkeiten[6] sind so gestaffelt, daß beim Wissen um konkrete Einzelheiten bzw. bei der Einzigartigkeit konkreter Information begonnen wird und sodann in aufsteigender Linie die höheren, komplexeren Abstraktionsleistung darauf aufgebaut werden, so daß am Schluß, als Gipfel gewissermaßen, das „Wissen von Prinzipien und Verallgemeinerungen" und das „Wissen von Theorien und Strukturen" bzw. das „Ableiten einer Folge von abstrakten Beziehungen" steht. Diese Anordnung der kognitiven Fähigkeiten von einem konkreten Unten zu einem abstrakten Oben fördert die Suggestion, das konkrete Besondere sei das Einfache und deshalb leichter zu lernen als das abstrakte Allgemeine. Blooms eigentliche Leistung, die Erkennbarkeit und Verfügbarmachung kognitiver Prozesse im Unterricht und für Unterrichtsplanung, wurde auf eine charakteristische Weise verstärkt durch Jerome Bruners Postulat, daß es bei entsprechender Berücksichtigung der Erkenntnisse der Lerntheorien, der Curriculumtheorien und der Unterrichtsforschung grundsätzlich möglich sei, Lernprozesse genau auf unterschiedliche Begabungsniveaus zuzuschneiden und sie, mindestens für die Begabten, erheblich zu beschleunigen.

Wenn es grundsätzlich möglich war, effektiver zu lernen und wenn gleichzeitig der Weg vom Einfachen zum Schwierigen prinzipiell bekannt und genau zu operationalisieren war, dann konnte die Schlußfolgerung nur lauten: Schneller zu den Abstraktionsvorgängen vorstoßen! Was dabei unterschätzt wurde, war die Gefahr der Verfrühung. Damit meinen wir nicht eine biologische, auf das Lebensalter bezogenen Verfrühung, sondern eine Verfrühung, die sich aus dem Wesen speziell der historischen Lernprozesse

---

[6] Benjamin S. Bloom et al. (Hrsg.): Taxonomie von Lernzielen im kognitiven Bereich. (Beltz) Weinheim/Basel 1972.

ergibt, genauer: aus der besonderen Schwierigkeit der historischen Begriffsbildung. Die meisten Allgemeinbegriffe, deren sich die Geschichtswissenschaft bedient, haben nicht den Charakter stabiler Größen, die, einmal festgelegt, eindeutige und unmißverständliche Bezugspunkte sind. „Staat", „Regierung", „Außenpolitik", „Agrarwirtschaft" usw. bedeuten in verschiedenen Epochen etwas anderes. Ihre inhaltliche Füllung wechselt von Fall zu Fall, und das Band des Allgemeinen, das sie verknüpft, ist dünn. Hinzu kommt, daß die meisten historischen Begriffe selbstverständlich zur Umgangssprache gehören und etwa durch den Gebrauch in den Medien allgemein bekannt sind. Prononciert ausgedrückt: der frühe Umgang mit historischen Abstraktionen führt leicht dazu, zu übersehen, daß historische Begriffe nur dann einen Sinn haben, wenn sie hinreichend inhaltlich gefüllt sind. Wenn auf einem dünnen Boden inhaltlicher Füllung allzu rasch ein hohes Gerüst abstrakter Begriffe aufgerichtet wird, so ist das Ergebnis nichts anderes als Scheinvertrautheit mit der Geschichte. Es kann nicht oft genug an Kants berühmtes Diktum erinnert werden, die Anschauung ohne Begriffe sei platt, Begriffe ohne Anschauung seien leer.

Die geschichtsdidaktische Folgerung aus den vorausgegangenen Überlegungen zur Vordergrund – Hintergrund – Relation kann nur lauten: Es kann nicht darauf ankommen, die Abstraktionsfähigkeit als das scheinbar höherwertige geistige Vermögen gegenüber der Konkretheit, Anschaulichkeit und Vielgestaltigkeit des Einzelnen einseitig zu fördern, sondern die grundsätzliche Gleichwertigkeit beider Seiten ernst zu nehmen. Es kommt auf eine symmetrische Förderung an!

Die didaktischen Anschlußüberlegungen aus den Ausführungen über Vorstellungsbilder können gar nicht anders lauten als: Vorstellungsnah unterrichten! Dies nicht allein wegen der sinnlichen Qualität eines solchen Geschichtsunterrichts, sondern auch wegen des Erklärungswertes von Vorstellungsbildern. Es ist ein Irtum zu meinen, in den höheren Klassenstufen würden die bildhaft – sinnlichen Momente überflüssig, weil die begrifflich-abstrakten Fähigkeiten sie ersetzten. Wir haben oben darauf hingewiesen, daß das Verhältnis des Konkreten zum Abstrakten in der Geschichte nicht als sich ablösend, sondern als sich gegenseitig stützend zu verstehen ist. (Wenn Ernst Robert Curtius im Alter einmal äußerte: „Ich liebe das Konkrete in der Wissenschaft und kann nie genug davon haben", so kehrte er damit nicht in ein kindliches Stadium zurück, sondern dokumentierte lediglich die Reife seines Wissenschaftsverständnisses.) Also: Anschaulichkeit, Konkretheit, Vorstellbarkeit gleichmäßig durch den gesamten Geschichtsunterricht hindurch! Die Einführung von Begriffen und der Umgang mit ihnen ist eine Sache, die konkretes Denken voraussetzt.

Die Überlegungen zum Komplex Vorstellungsbilder lassen keine Zweifel an der führenden Rolle des Wortes. Das ist nicht mehr so selbstverständlich, wie es sich anhört. Das Bild macht dem Wort nicht nur in Fernsehen, Film und Presse den Rang streitig, sondern auch im Unterricht selbst. Wenn man der Auffassung beipflichtet, daß die imaginativen Kräfte in Kindheit und Jugend absterben, wenn sie nicht mehr – oder nicht genug – gefordert werden, dann muß man dem Wort seine führende Rolle zurückgeben. Die Sprache ist das Hauptinstrument, das die Imaginationskraft aktiviert. Für die Geschichte spielt die Imaginationskraft eine fundamentale Rolle, weil sie es ist, die den eigentlichen Vergegenwärtigungsakt zustande bringt. Sie besorgt das „Herstellen", das „Aufrufen" von vergangenen, und d.h eben immer : von nicht mehr vorhandenen Situationen, Menschen, Konstellationen und Zusammenhängen. Ohne Imagination keine Geschichte, ohne die Sprache keine Imagination!

Das ist eine sehr allgemeine Aussage. Ich widerstehe der Versuchung, das, was die Vorstellungskraft leistet, didaktisch zu operationalisieren und zu Lernübungen kleinzuarbeiten. Man kann Vorstellungskraft nicht gezielt im Klassenverband üben. Sehr wohl aber kann (auch) der Geschichtsunterricht sie nachhaltig fördern, indem er ihr dauernd Nahrung gibt. Mehr will sie nämlich gar nicht. Die passiven Synthesen, die wie eine Art mentaler Gelenkstellen für Imagination wirken, arbeiten ohnehin nicht intentional über das Bewußtsein. Sie „greifen" aber, wenn man ihnen Stoff gibt. Ein solcher Stoff ist das Lesen und Hören von Erzähltem.

7. Kritik und Zukunft der Geschichtserzählung

Im Geschichtsunterricht des 19. und der 1. Hälfte des 20. Jahrhunderts ist viel erzählt worden. Die methodische Form nennt sich „Geschichtserzählung". Die älteren Geschichtslehrer sind in dieser Methodik noch unterwiesen worden, die jüngeren allerdings kaum noch. Der Grund dafür liegt darin, daß sich die Geschichtserzählung von der scharfen Kritik der frühen siebziger Jahre noch nicht wieder erholt hat, und dies trotz einer Reihe von klärenden Beiträgen in der Folgezeit. Auch dort, wo sie nicht verworfen wird, ist ein schlechtes Gewissen oder wenigstens doch eine Unsicherheit beim Umgang mit dem Erzählen zurückgeblieben. Dies hat viele Gründe, auch solche, die über die unterrichtsmethodische Diskussion hinausgehen und mit der Untauglichkeitserklärung des Erzählens für die moderne Geschichtsschreibung von Seiten einiger Sozialhistoriker zu tun haben. Erzählen galt von einem bestimmten Zeitpunkt an einfach als unmodern, wobei man sich merkwürdigerweise nicht darum kümmerte, daß an anderen Stellen des kulturellen Lebens außerhalb der Geschichtswissenschaft das Erzählen eine geradezu entgegengesetzte Wertschätzung erfuhr, weil es sich als die modernste und wandlungsfähigste aller Gattungen sprachlichen Ausdrucks erwies.

Es war kein Zufall, daß sich der große Umschwung der Geschichtsdidaktik, der gegen Ende der 60er und in den 70er Jahren zu beobachten war, zuerst als Kritik gerade an der Geschichtserzählung profilierte und sich dort in seinen Argumenten einübte, in Argumenten, die wenig später auch auf andere Elemente des Geschichtsunterrichts gelenkt wurden, z.B. auf „affine" Stoffe oder verborgene geschlechtsspezifische Sehweisen. Bestimmte Momente und Beigaben der Geschichtserzählung wurden nicht nur kritisiert, sondern als unerträglich empfunden – das Naive, auf bloße emotiale Einstimmung Bedachte, das Unkritische, die stille Parteinahme für die Großen in der Geschichte und das vom Schüler erwartete „Lauschen". Neben der politisch bedenklichen Vorliebe dafür, die Großen noch größer zu machen, war auch ein provinzieller Zug zum Gemütvollen in den damals üblichen Formen der Geschichtserzählung nicht zu verkennen, und auch die pädagogische Intention des Erlebnisunterrichts – Erbe der Reformpädagogik der Weimarer Zeit – konnte der Geschichtserzählung nicht den Sauerteig aufgeklärten und kritischen Denkens hinzufügen, nach dem in den 70er Jahren fast überall ein großer Hunger entstand. Es war leicht zu entdecken, daß sich alte Bestände und Denkformen des Geschichtsunterrichts noch aus dem vorigen Jahrhundert gerade in den damals noch gängigen Geschichtserzählungen festgesetzt und den gesellschaftlichen Bewußtseinswandel der Jahrhundertmitte überdauert hatten, so daß nun das Empfinden eines großen Anachronismus wach wurde.

Es war unausweichlich und auch richtig, daß die Kritik an der Geschichts–erzählung scharf ausfiel. Allerdings ist in solchen Situation kaum zu vermeiden, daß irgendwo das Kind mit dem Bade ausgeschüttet wird[1]. Dieter Riesenberger kam 1972 zu dem Schluß, „daß die Erzählung, da sie ja wie jede epische Form eine selbständige ‚Welt' schafft, in einem kritischen Geschichtsunterricht keinen Platz haben kann."[2] Er warf der Geschichtserzählung vor, sie sei Instrument einer unbewußten Übernahme von Gesinnungen, die durch eine Art von Imitationshandlung , bestehend aus einem Überspringen des Ergriffenseins, in das Schülerbewußtsein hineingeschmuggelt würden. Dahinter stehe eine Pädagogik der Begeisterung , denn Begeisterung sei das Band, das Lehrer und Schüler mit der Vergangenheit verknüpfe.

Riesenbergers Kritik war die Kritik an einer herrschenden Praxis. In den 60er Jahren gaben alle großen Lehrbuchverlage noch eigene Schriftenreihen mit Geschichtserzählungen zum praktischen Gebrauch für den Lehrer heraus. Das hörte jetzt auf. Bei der Schärfe der Kritik spielte mit Sicherheit auch die Tatsache eine Rolle, daß sich zu Anfang der 70er Jahre in den Sozialwissenschaften und ihrem schulischen Pendant, der Sozialkunde oder Politik, schon seit längerem ein nüchterner, kritischer Zugriff auf die politische Wirklichkeit durchgesetzt hatte, demgegenüber gerade die Geschichtserzählung altväterlich wirkte. Eben weil diese Kritik berechtigt war, kann es heute auch kein einfaches Zurück zu den überlebten Formen geben – dies sei vorweg gesagt, damit bei den folgenden Erörterungen keine Mißverständnisse entstehen.

Worin sich Riesenberger geirrt hat, muß allerdings ebenso deutlich gesagt werden, damit das Ausschütten des Kindes mit dem Bade nicht für die ideale Form der Körperpflege gehalten wird. Riesenberger verwechselt das, was ein bestimmter pädagogischer, mit allerlei Ballast beladener Gebrauch des Erzählens bewirkte, mit dem, was Erzählen überhaupt zu leisten imstande ist. Ein Blick über die Grenzen des Faches hinaus hätte ihn leicht zur

---

[1] Diese Metapher, die sich aufdrängt, verwendet schon Dieter Mohrhardt (vgl. Anm. 8).

[2] Dieter Riesenberger: Die Lehrererzählung im Geschichtsunterricht. In: Hans Süssmuth (Hrsg.): Historisch-politischer Unterricht. Medien. (Klett) Stuttgart 1973, S. 65.

Vorsicht mahnen können. Die Geschichtserzählung in ihren noch in den 50er und 60er Jahren üblichen Ausdrucksformen war ein letzter Ausläufer einer Form historischen Erzählens, wie sie bei Gustav Freytag einst einen gewissen literarischen Rang hatte und bei Felix Dahn oder Theodor Birt bereits literarisch zweitklassig wurde. Der Weg ins Provinzielle war vorgezeichnet. Er wurde noch einmal scheinbar aufgehalten durch die Aufblähung ins Heroische während des Dritten Reiches. Daß sich die Geschichtserzählung nach dem 2.Weltkrieg überhaupt noch so lange halten konnte, ist ein Zeichen für die Unsicherheit der damaligen Geschichtsdidaktik, die lange brauchte, um energisch zu neuen Ufern aufzubrechen. Seit Anfang des Jahrhunderts war in der erzählenden Literatur geradezu vorexerziert worden, daß die Kunstmittel älteren historischen Erzählens – Illusion, Suggestion, Einstimmung, Geschlossenheit einer erzählten Welt – aufgegeben wurden. Man braucht kaum an die Namen der literarischen Revolutionäre zu erinnern, die neue Wege gingen: Gide, Proust, Joyce, Dos Passos, Thomas Mann, Kafka, Musil, Brecht, Virginia Woolf u.a. Montage, Verfremdung, Spiegelungen, Perspektivenwechsel, Handlungsdurchbrechungen, Reflexionen, Spiel mit Zitaten – kurz, das Aufgeben einfacher Erzählformen gehörte seitdem zum selbstverständlichen Inventar modernen Erzählens. Sie sind längst Signum eines anderen, gebrocheneren Wirklichkeitsverständnisses geworden.

Selbstverständlich ist hier nicht beabsichtigt, eine so bescheideneRanderscheinung wie die Geschichtserzählung an den höchsten Maßstäben zu messen, das wäre lächerlich. Gemeint ist etwas anderes: Was Riesenberger dem Erzählen zur Last legte, muß auf Kümmerformen des Erzählens zurückgeführt werden, die sich außerhalb des Schonraums Schule ohnehin überlebt hatten. Leider hat es die Didaktik, auch die kritische, bis heute versäumt, sich mit den gebrochenen, verfremdenden und distanzierenden Erzählformen auseinanderzusetzen und sie für den Unterricht fruchtbar zu machen. Auf diese Weise ist die Schieflage noch verfestigt worden, die darin besteht, daß sich das Erzählen im Geschichtsunterricht von den differenzierteren Erzählformen des 20. Jahrhunderts abgekoppelt hat.

Hinzu kommt noch ein weitere Überlegung, die heute nach einer langen Narrationsdiskussion vielleicht anders zu bewerten ist als 1972, als Riesenberger seinen Aufsatz schrieb. Riesenberger zitiert Eberhard Lämmert, der vom epischen Erzähler sagt, er schaffe ein „begrenztes Ganzes, getreu dem Gesetz, daß alles Bilden und insbesondere das Bilden von Menschenhand ein Weglassen“ sei. Eine solche Aussage ist für Riesenberger der endgültige Beweis dafür, daß die Erzählung in der Geschichte abzulehnen sei, und er schließt denn auch an dieses Zitat seine Schlußfolgerung an, die Geschichtserzählung sei abzulehnen, da sie eine selbständige Welt schaffe. Hier liegt der tiefere Grund für das Mißbehagen Riesenbergers am Erzählen von Geschichte. Leider führt er den Gedanken nicht weiter aus. So bleibt offen, ob er vielleicht der Auffasssung ist, in der Geschichte dürfe nichts weggelassen werden, weil das eine Verfälschung der Wirklichkeit sei. Wenn dem so wäre, wäre er im Irrtum. Heute ist nach einer langen Theoriediskussion mindestens das eine klar: Auch Geschichtsschreibung schafft eine ‚Welt', auch Geschichte ist ein Konstrukt, auch Geschichtsschreibung läßt weg, ja dieses Weglassen ist eine der fundamentalen Notwendigkeiten aller Geschichtsschreibung, und auch ein kritischer Geschichtsunterricht hat keineswegs die Fähigkeit, die sich Riesenberger vermutlich noch erhofft hat, unmittelbar zur Geschichte selbst vorzustoßen. Diese Fähigkeit gibt es nicht und nirgendwo. Auch Rekonstruktion ist Konstruktion.

Vermutlich meint Riesenberger aber etwas Näherliegendes: Wenn etwas weggelassen wird, dann darf es nicht schweigend und selbstverständlich weggelassen werden, weil sonst der Schein des Natürlichen entsteht, und der führt dazu, daß sich für den Schüler die Möglichkeit von Zweifel und Kritik nicht recht entwickeln kann. In dieser Schlußfolgerung möchte ich Riesenberger auch nicht widersprechen, doch sollte man hinzufügen: Wenn man moderne Erzählformen nutzbar machte, brauchte keineswegs eine Erzählillusion zu entstehen, vielmehr würde alle Illusionsbildung von vornherein durchbrochen werden, vielleicht sogar besser, als das mit anderen methodischen Mitteln, etwa der Quellenarbeit, zu erreichen wäre.

Klaus Bergmann kommt in seinem ein Jahr vorher erschienenen Buch „Personalisierung im Geschichtsunterricht – Erziehung zur Demokratie?" trotz deutlicher Infragestellung nicht zu einem Totalverdikt der Geschichtserzählung. Wie der Titel schon besagt, liegt seinem Buch primär eine politisch bildende Intention zugrunde, erst sekundär eine darbietungstheoretische, d.h. die Kritik bezieht sich auf undemokratischen Denkmuster, während die Frage nach den grundsätzlichen Leistungen und Möglichkeiten des Erzählens nicht ausdrücklich gestellt wird. Bergmann ist nicht für ein Eliminieren, sondern für ein Zurücktreten der Geschichtserzählung aus ihrer bisherigen beherrschenden Stellung. Seine Forderung ist es, im Geschichtsunterricht müßten die Namenlosen Stimme gewinnen und nicht nur die Großen. Diese Forderung kann auch mit Hilfe des Erzählens verwirklicht werden. Er besteht auf Multiperspektivität beim Gebrauch der Geschichtserzählung[3] – eine Forderung, die heute allgemein anerkannt ist.

Die Geschichtsdidaktik schloß sich der von Bergmann vorgezeichneten Linie insofern an, als ein naives oder gar bewußtes Personalisieren heute

---

[3] Klaus Bergmann: Personalisierung im Geschichtsunterricht – Erziehung zur Demokratie? (Klett) Stuttgart 1972. S. 88 – 90.

nicht mehr zur Debatte steht und wohl auch kaum noch vorkommt. Allerdings – das fast völlige Zurückdrängen des Erzählens im Geschichtsunterricht spricht dafür, daß z.B. multiperspektivisches Erzählen oder andere Formen, die subtiler sind als das abgetane Muster, nicht recht zur Verfügung stehen oder jedenfalls nicht ausgereicht haben, das Erzählen aus dem Abseits hervorzuholen. Eine Art monomanisches Quelleninterpretieren scheint an dessen Stelle getreten zu sein – eine Methode also, die scheinbar ein größeres Maß an Schüleraktivität verspricht, aber, im Übermaß angewandt, zu einer schleichenden Aushöhlung des Geschichtsinteresses durch pure Langeweile führen kann.

Gegen die starke Kritik an der Geschichtserzählung regte sich schon bald Widerspruch, allerdings eher vereinzelt. Zu ihrem Sprecher machte sich bereits 1976 Michael Tocha, als er versuchte, die Geschichtserzählung auf die Füße zu stellen, und dabei Überlegungen entwickelte, durch die die bisherige Diskussion auf eine breitere Grundlage gestellt wurde. Tocha stellte richtig, daß es keinen unlösbaren Zusammenhang zwischen der Geschichtserzählung und der Orientierung an großen Männern gebe. Er warnte auch davor, die Geschichte durch einseitige Bevorzugung von Strukturen und Quantitäten in der Weise zu entleeren, daß Menschen dann nur noch als Exponenten ökonomischer Prozesse aufträten und Geschichte zur „Traum des Statistikers"(Kracauer) werde[4]. Er sah den Wert des Erzählens darin, daß es „Geschichte vom Denkspeicher ... in die Erfahrung dessen, der sich auf sie einläßt, zurückhole" (ebd.). In seinem Aufsatz findet sich der Satz: „Leid muß, um Mitleid zu erregen, vorstellbar sein"[5]. Man hörte damals – mit Recht – nur die Worte „Leid" und „Mitleid", aber auf die Bedeutung der Vorstellbarkeit wurde man nicht aufmerksam, der Gedanke blieb liegen und wurde, wie es Tocha tat, im wesentlichen in Zusammenhang mit der affektiven Seite des historischen Lernens gesehen. Deutlicher wird von Tocha ein anderes, ebenfalls grundlegendes Charakteristikum des Erzählens herausgearbeitet: das Humanum, das im Erzählen steckt und das Tocha vor allem darin sieht, daß lebendige Erfahrungen weitergegeben werden.

Drei Jahre später verstärkte Tocha seine Bemühungen um Rechtfertigung und Wiederbelebung der Geschichtserzählung in einem prinzipiell gehaltenen Beitrag[6]. Jetzt wird auch die Bedeutung der Geschichtserzählung für die Erreichung kognitiver Lernziele betont, insbesondere die Rolle der

---

4 Michael Tocha: Die Füße des Prinzen oder Versuch, die Geschichtserzählung auf die Füße zu stellen. In: GWU 1976, H.10, S. 621.

5 Ebd. S. 619.

6 Michael Tocha: Zur Theorie und Praxis narrativer Darstellungsformen mit besonderer Berücksichtigung der Geschichtserzählung. In: Geschichtsdidaktik 1979, S. 209 – 222.

Anschaulichkeit für die historische Begriffsbildung, darüber hinaus auch die Bedeutung des Erzählens für Betroffenheit und Identifikationen. Auch wägt er stärker als bisher die Leistungen der Geschichtserzählung gegenüber modernen, abstrahierenden Tendenzen von Geschichtswissenschaft und -didaktik ab. Er hütet sich, das eine gegen das andere auszuspielen, vielmehr legt er das Zusammenwirken von konkreter Erzählung und der notwendigen Entwicklung von Begriffen unter dem lernpsychologischen Stichwort des „advance organizer“ auseinander.

Am Schluß seines Aufsatzes[7] formuliert er Kriterien für eine erneuerte und rationale Verwendung narrativer Darstellungsformen im Geschichtsunterricht, die hier – gekürzt – wiedergegeben werden, weil sie im wesentlichen auch noch dem heutigen Diskussionsstand entsprechen:

1. Die Geschichtserzählung kann nur einer von vielen Bestandteilen eines multiperspektivischen und multimedialen Geschichtsunterrichts sein.
2. Die Geschichtserzählung bietet sich beim methodischen Wechsel zwischen entdeckenden und rezeptiven Lernverfahren an.
3. Die Geschichtserzählung handelt von Menschen und von Ereignissen ... Besonders das Betroffensein einzelner Menschen durch die Geschichte ist ihr Thema.
4. Ereignisse sind erzählenswürdig, wenn in ihnen das strukturell nicht zu fassenden „Neue“ aufbricht, das seinerseits in die Strukturen eingeht.
5. In älteren Epochen haben Persönlichkeiten und Ereignisse eine größere Bedeutung für den geschichtlichen Wandel als in neueren. Dem entspricht, daß vor allem jüngere Schüler durch die Geschichtserzählung ansprechbar sind.
6. Die Geschichtserzählung steht immer in einer sachlichen Beziehung zu vorausgehenden und nachfolgenden Strukturanalysen bzw. Beschreibungen allgemeiner Zusammenhänge.
7. Die sprachlich-begriffliche Einkleidung überindividueller Zusammenhänge hängt davon ab, ob der Erzählung ein advance organizer vorausgeht oder nicht.

Auf dieser Linie bewegte sich auch die weitere Diskussion der folgenden Jahre. Dieter Morhardts Aufsatz von 1982[8] brachte noch weitere Motive für eine Wiederbelebung der Geschichtserzählung zur Sprache. Auch er ließ keinen Zweifel daran, daß eine Rückkehr zur alten Praxis der Geschichtserzählung nicht zur Debatte stehe und daß eine erneuerte Geschichtserzählung einen Platz nur innerhalb moderner Unterrichtskonzeptionen beanspruchen könne. Abzulehnen war auch für ihn die Geschichtserzählung

[7] Ebd. S. 220.
[8] Dieter Mohrhardt: Plädoyer für die Geschichtserzählung. In: GWU 1982. S. 94 – 116.

- als Mittel vordemokratischen Gesinnungsunterichts,
- als Träger bekenntnishafter Haltungen zur Geschichte,
- als Vermittler eines „blendenden, poetischen Kolorits“ (Scheiblhuber) der Geschichte,
- und als Vehikel für ein geschlossenes, tragendes Geschichtsbild.

Zwei seiner Argumente waren neu in der Diskussion: erstens sein – wenn auch nur kurzes – Eingehen auf Argumente, die in der Theoriedebatte der Narrationsphilosophen und -linguisten laut wurden: Er erwähnt Peter Szondis rigorose Absage an jede zukünftige narrative Geschichtsschreibung und lehnt diese Konsequenz ab, weil er die Begründung nicht für stichhaltig hält: es gebe keine zwangsläufige „Verführung narrativer Harmonisierung“, und die vorgeblich so selbstverständlichen Kausalitäten und Kontinuitäten könnten auch mit narrativen Mitteln durchbrochen und durchsichtig gemacht werden. Zweitens mißtraute er dem Vorwurf der rezeptiven Lernhaltung, die angeblich durch die Geschichtserzählung bewirkt werde. Leider ging er nicht auf die grundsätzlichen Seiten dieses Themas ein, schlug aber praktische Korrekturen zur Erhöhung der Schüleraktivität vor: er sprach sich für eine Einbindung der Geschichtserzählung in einen arbeitsunterrichtlichen Geschichtsunterricht aus.

Ob das Heft „Erzählen“ der Zeitschrift „Geschichte lernen“ vom März 1988 für eine gewandelte Einstellung der Geschichtsdidaktik zum Erzählen spricht, ist schwer zu beurteilen. Von einer Tendenzwende zu sprechen, ist es noch zu früh. Immerhin wird an diesem Heft klar, daß es in der Praxis offenbar ohne das Erzählen einfach nicht geht. Gerade die unterrichtspraktische Ausrichtung dieser Zeitschrift bietet ja Gewähr dafür, daß hier nicht nur theoretisiert wird, und da zeigt sich bei den Autoren, die fast alle der kritischen Geschichtsdidaktik zuzurechnen sind, daß hier eine Reihe von neuen Verwendungsformen entwickelt und erprobt wurden. Was noch mehr wiegt: Man hat den Eindruck, der Unterricht habe sogar Spaß gemacht.

Man kann zusammenfassen:

In der bisherigen geschichtsdidaktischen Debatte um die Geschichtserzählung gibt es in einigen wichtigen Punkten Konsens:

- Für den alten harmonisierend – betulichen Gebrauch des Erzählens hat sich keine verteidigende Stimme erhoben. Man darf sagen, daß es sich nicht mehr lohnt, darauf noch weitere Mühe zu verwenden.
- Den meisten Geschichtsdidaktikern und -lehrern geht der totale Kehraus der Geschichtserzählung zu weit. Aber: Seit den siebziger Jahren wird das Erzählen in der Ausbildung der Geschichtslehrer kaum noch eingeübt. Es besteht ein Mangel nicht nur in den modernen Ausdrucksformen, sondern auch in den Grundlagen.

– In der Zwischenzeit ist ja, ausgehend von der Narrationstheorie, eine Theoriedebatte in Gang gekommen, in der zahlreiche neue Bewertungen gerade des Zusammenhangs von Zeit, Erzählen und Erklären vorgetragen wurden, die bisher in ihrer didaktischen Bedeutung noch kaum zur Kenntnis genommen und noch nicht verarbeitet worden sind. Es besteht ein Nachholbedarf.

Es sollte freilich in diesem Zusammenhang auch eine Warnung vor gewissen Übertreibungen ausgesprochen werden, zu denen die Fachdidaktiken einer Reihe von Fächern gern neigen. Manche neue Tendenzen und Sehweisen , die in den letzten Jahrzehnten einmal als Kurskorrekturen gemeint waren, wurden übereifrig als alleingültige Grundmuster verstanden, die alles Bisherige hinwegfegen sollten. Auf diese Weise kam ein Zickzack in die didaktische Entwicklung, das allenfalls für die Hochschuldidaktiker seine angenehmeren Seiten hatte, weil es viel Stoff für Publikationen bot, das für den Schulunterricht aber desorientierend und verwirrend war. Auch für unser Thema gilt: Wer das Erzählen wieder vielschichtiger und moderner machen will, spricht sich damit nicht gegen die anderen Methoden des Geschichtsunterrichts aus. Er versucht, die innere Vielfalt des Unterrichts zu erhöhen, auf daß er attraktiver werde.

Will man sich heute über das Erzählen im Geschichtsunterricht äußern, darf man nicht nur fachwissenschaftliche und didaktische Argumente anführen, sondern muß auf die tief veränderte Rolle des Wortes – vor allem des Lesens, aber auch des Schreibens und Sprechens – in der heutigen Sozialisation der Jugendlichen eingehen. Hicr hat in den letzten Jahrzehnten eine Revolution stattgefunden. Leitmedium der Bewußtseinsentwicklung von Kindern und Jugendlichen bis tief in die Adoleszenz hinein ist in zunehmendem Maße das Fernsehen geworden. Seine Attraktivität liegt nicht nur darin, daß hier die dargebotenen Gegenstände journalistisch leicht faßbar und gefällig dargeboten werden, sondern vor allem darin, daß das „Zugucken“ so einfach ist. Die Kritiker des Fernsehens haben ihre Finger zur Genüge auf die Schwachstellen gelegt – Neil Postman spricht vom „Now – this“-Muster und von der Peek-a-Boo-World[9]: das Nächste steht neben dem Entferntesten, das Alltäglichste neben dem Ungewöhnlichen, das Leichte neben dem schwer zu Fassenden, alles wird Gegenwart auf bloßen Knopfdruck ohne irgendeine aus den Sachen kommende Ordnung, die Gegenstände sind wie selbstverständlich zuhanden und rasch zu konsumieren, ohne daß man auch nur den Bissen zu Ende essen müßte, den man ihm

[9] Neil Postman: Amusing Ourselves to Death. (Penguin) New York/London 1986. S. 84 ff. und S. 99 ff.

Munde hat. Für die Lebensphase der sekundären Sozialisation, in der eine gegliederte Welt geistig aufgebaut werden muß, können das Durcheinander, die gefällige Zubereitung, der Mangel an Kontinuität und die Dauerhaltung des bloßen Zuschauens mit ihrer Verminderung der Konzentrationsspannen zu einem massiven Hemmnis werden, ganz abgesehen von der enormen Masse des Konsumierten. Die Langzeitstudie von ARD und ZDF von 1992 ergab, daß Dreizehnjährige in ihrem Leben durchschnittlich 5500 Stunden ferngesehen, 3000 Stunden Schulaufgaben gemacht und 300 Stunden gelesen haben[10]. Diese Gefahren sind vielfach analysiert worden und brauchen hier nicht weiter verfolgt zu werden. In unserm Zusammenhang kommt es lediglich auf den einen Hauptgedanken an: Das kreative Vermögen unserer Imagination, das insbesondere im Lese- (oder Zuhör-)Akt und seinen besonderen Rezeptionsbedingungen wurzelt, wird bei dem Anschauen von (bewegten) Bildern nicht herausgefordert. Die fertigen Bilder machen die innere Vorstellung überflüssig, Vorstellungsbilder werden nicht mehr abgerufen. Individuelle Kräfte aber, seien sie körperlicher oder geistiger Art, die in der Jugend über lange Zeit hinweg nicht gefordert werden, werden nicht voll ausgebildet. Das Ergebnis sind bestenfalls phantasielose Pragmatiker.

Wenn man sich heute so äußert, braucht man längst nicht mehr den Vorwurf der Übertreibung zu fürchten. Das Hauptproblem des Unterrichtens an allen Schulformen und in fast allen Altersstufen und Fächern bildet heute die Dauerunruhe und die Konzentrationsunwilligkeit oder gar -unfähigkeit. Hier liegt die Ursache dafür, daß das pädagogische Geschäft so unerfreulich und der Lehrerberuf so anstrengend geworden sind. Offenkundig ist bei dieser Verhaltensänderung ganzer Schülerpopulationen neben vielen anderen Faktoren auch eine Art Unterernährung der imaginativen Kräfte im Spiel. In einer unruhigen Schulklasse kann ein Lehrer, der gut erzählen kann, verblüffend rasch Ruhe und Aufmerksamkeit schaffen. Er braucht eigentlich nur anzufangen, und nach dem zweiten oder dritten Satz kann man eine Stecknadel fallen hören. Es ist, als ob die Schüler ausgedörrt danach seien, zuzuhören und – so würde ich jetzt gemäß meiner Theorie fortfahren – ihre eigene Vorstellungskraft spielen lassen zu können, denn dies bereitet einen besonderen Genuß. Man kann das aber auch ohne Theorie erklären: Es handelt sich um eine altersunabhängige Freude am Erzählen. Sehr kleine Kinder haben sie in noch ausgeprägterer Weise, man bekommt ein brüllendes Baby im Stühlchen leicht dazu, sich füttern zu lassen, wenn man einfach anfängt, ihm etwas zu erzählen. Das wirkt immer. Das Vergnügen zuzuhören schwindet auch im Alter nicht: Wenn da jemand ist, der gut er-

---

[10] Nach FAZ vom 19.9.92.

zählen kann, ist das Behagen groß, jede laute Gesellschaft wird ruhig und hört zu. Da es sich hier keineswegs um eine nur auf europäischem Boden gewachsene Kommunikationsform handelt, sondern sie in allen Kulturen und zu allen historischen Epochen Heimatrecht beansprucht, darf man sagen: das Erzählen gehört zum humanen Grundbestand. Es gibt deshalb wahrhaftig keinen Grund, es ausgerechnet aus dem Geschichtsunterricht zu verbannen.

Damit das Erzählen wirkt – und dies soll an dieser Stelle zunächst nichts weiter heißen, als daß eine unkonzentrierte Klasse ruhig wird und zuhört – ist keine besondere dramatische Zubereitung des Erzählten nötig. Es genügt das ruhige epische Nacheinander. Das gilt auch für den Geschichtsunterricht. „Erzähle, Historiker, und theoretisiere nicht!“ – diesem Diktum des Theoretikers Jörn Rüsen stimmt man gern zu.

Wenn dies gekonnt wird, kann der zweite Schritt erfolgen: Im Geschichtsunterricht sollten die Illusions- und Harmonisierungsgefahren erkannt und vermieden werden. Mit diesen beiden Begriffen sind zwei Seiten einer Sache gemeint: Historische Erzählungen erwecken, auch wenn sie dies nicht beabsichtigen, im Schüler leicht die illusionäre Erkenntnis, so und nicht anders sei es gewesen. Die historische Wirklichkeit erscheint dann als etwas, das identisch mit dem Erzählten ist. Im Kap. 5.4 waren Beispiele aufgeführt, wie moderne historische Erzähler diese Wirkungen vermeiden. Es kann dem Geschichtslehrer nicht schaden, dort in die Lehre zu gehen und neue Wege zu erproben. Was dabei gegenüber dem älteren Typ der Lehrererzählung zu lernen ist, läuft hauptsächlich darauf hinaus, in der glatten Oberfläche des Erzählten Bruchstellen für kritische Eingriffe zu schaffen, man könnte auch sagen: Angriffspunkte, bei denen das Fragen nach der Richtigkeit oder Angemessenheit ansetzen kann und von wo aus von Seiten des Schülers eine Art Kontrolle – oder erste Versuche dazu, die zunächst nicht mehr sein müssen als ein Bemerken von Unstimmigkeiten – stattfinden kann. Das Wort Kontrolle darf nicht falsch verstanden werden: kein Schüler kann seine Kenntnisse oder Hypothesen über historische Tatbestände als Norm für angemessene Wirklichkeitssicht verwenden, und er sollte auch nicht in eine solche Lage gebracht werden; gemeint ist vielmehr, daß die Erzählung mit ihrer suggestiven Wirkung nicht als das letzte Wort genommen werden darf und daß deshalb Schüler lernen müssen, sich zu ihr verstehend-kritisch zu verhalten wie zu jeder anderen Methode auch, die im Geschichtsunterricht verwendet wird.

Der Lehrer, der die Geschichtserzählung modernisieren will, d.h. ihre Darstellungsformen erweitern und zugleich die angesprochenen Schülerreaktionen fördern, müßte selbst erst Fuß fassen und Praxis gewinnen im Spektrum dieser Erzählformen.

Ein Übungsprogramm für die Geschichtslehrerausbildung, das hier ansetzt, könnte folgende Erzähltypen einüben:

1. Transponierendes Erzählen
2. Perspektivisches Erzählen,
3. Zeitverschobenes Erzählen,
4. Opponierendes Erzählen,
5. Verfremdendes und identifizierendes Erzählen.

Das Einüben soll den Sinn haben, sich mit der Widerspenstigkeit der Materie zu befreunden und an Beispielfällen mit Erzähltechniken umgehen zu lernen. Ich denke bei jeder dieser Übungen an ein paarweises Gegenüberstellen gegenläufiger Erzählabsichten möglichst an ein und demselben Stoff.

Mit transponierendem Erzählen ist eine Grundübung gemeint, die die Voraussetzung für alle differenzierteren Formen ist: das Umformen von Zuständen oder, falls möglich, Strukturen in Abläufe. Die Übung soll ein Gefühl dafür entwickeln, was alles grundsätzlich erzählbar ist und was nicht. – Beim perspektivischen Erzählen soll ein und derselbe Tatbestand (Ereignis, Episode) aus der Perspektive unterschiedlicher Protagonisten erzählt werden. Diese Übung ist nichts anderes als die direkte Umsetzung der Forderung nach Multiperspektivität auch im Erzählen. – Wird dieselbe Sache aus verschobener Zeitperspektive erzählt, also einmal aus einem laufenden, noch nicht abgeschlossenen Geschehen heraus, dann vom Ende her oder aus einem Jahrhundert- oder Jahrtausendabstand, kann man nicht nur auf die veränderten Sehweisen und Urteile eingehen, sondern auch auf eindringliche Weise die Schwierigkeiten und Besonderheiten der Geschichtsschreibung sichtbar machen. – Beim opponierenden Erzählen soll ein und dieselbe Sache mit gegensätzlicher Interessenrichtung erzählt werden, d.h. mit der Absicht, daß Schüler gegensätzliche Erkenntnisse aus ihr gewinnen. (Hier begibt man sich auf gefährliches Pflaster. Wer solche Techniken gut beherrscht, kann u.U. Meinungen manipulieren. Aber: wer sie nicht beherrscht, kann auch manipulieren, nur vielleicht naiver und ahnungloser.)- Mit dem verfremdenden und identifizierenden Erzählen sollen, auch möglichst wieder an demselben Stoff, einmal Distanzerfahrungen, zum anderen im Gegenteil Identifikationserlebnisse bewirkt werden. Auf diese Weise sollen angehende Lehrer auch einen handfesten Eindruck von der „Dehnbarkeit“ historischer Stoffe und der durch sie erreichten Wirkungen bekommen. Die Übungen sind (mit Ausnahme der ersten) denn auch so angelegt, daß die Erzähltechniken zugleich immer Wirkungstechniken sind. Ihr Sinn soll sein, dem Lehrer eine gewisse Verfügungsgewalt über das Erzählen zu vermitteln und ihn nicht zu einem Vollzugsbeamten für Methodik zu machen. Das setzt, wie sich von selbst versteht, pädagogische Verantwortung voraus.

8. Dieseits und jenseits des Lernbegriffs

Der Lernbegriff hat sich in der Geschichtsdidaktik nachdrücklich durchgesetzt. In den Jahren der raschen Entwicklung der Geschichtsdidaktik bemühten sich die Didaktiker, über die Grenzen ihres Faches hinaus nach Hilfen für eine rationale Erfassung des historischen Lernens zu suchen. Auf diese Weise hielten die aus amerikanischer und schweizer Tradition stammenden kognitiven Lerntheorien, Curriculumtheorien, Moralentwicklungsuntersuchungen zusammen mit der empirischen Unterrichtsforschung ihren Einzug auch in die Geschichtsdidaktik. Die so vollzogene Veränderung des Gesamtprofils der Geschichtsdidaktik bewog manchen Historiker zu starkem Mißtrauen gegenüber einer angeblich fremdbestimmten Didaktik. Alfred Heuss z.B. erklärte noch in den 80er Jahren, Geschichte könne man nicht „lernen". Urteile dieser Art übersahen aber die Absicht dieser damals ungewohnten Ausgriffe in pädagogisches und psychologisches Neuland. Die Bemühungen dienten dem besseren Verständnis der geistigen Prozesse, die im Geschichtsunterricht vor sich gingen, erhöhten die Lernbarkeit des Geschichtslehrerberufs und dienten in letzter Konsequenz natürlich der Verbesserung von Geschichtsunterricht. Die Wissenschaftsbindung als oberste Norm der Lernprozesse im Unterricht wurde nicht etwa aufgegeben, sondern auf neue Weise bekräftigt und systematisiert. Man darf sagen, daß, alles in allem genommen, die Tendenzen der Wissenschaftsorientierung seitdem so stark sind, daß sie das pädagogische Feld des Geschichtslernens eindeutig beherrschen. Diese Aussage ist nicht so selbstverständlich, wie sie sich anhört. In den 20er und 30er Jahren beispielsweise wurde der Geschichtsunterricht stark durch die Normen der pädagogischen Reformbewegung bestimmt, die wiederum von der Jugendbewegung beeinflußt waren, und dies führte im Geschichtsunterricht zu einer Linie, die durch sog. Erlebnisunterricht mit emotional-gemeinschaftsbildender Zielsetzung und einer Erziehung zur Begeisterungsfähigkeit charakterisiert war – es waren deutlich auch andere als wissenschaftliche Normen am Werke.

Die Dominanz fachwissenschaftlicher Normen gilt nicht nur für das Lernen, also für die Schülertätigkeit, sondern mutatis mutandis auch für das Lehren der Geschichte, die Lehrerperspektive. Kritiker der neueren Tendenzen mögen hier einwenden, die Bemühungen der Curriculumtheorie, den Lehrer vom engen Leitseil obrigkeitlicher Anweisungen zu lösen, hätten zu einem Freiraum des Lehrens geführt, der nicht immer verantwortlich ausgefüllt würde und manchmal sogar Orientierungslosigkeit fördere. Das mag auch hin und wieder zutreffen, berührt aber nicht den Kern der Veränderungen. Indem die Inhalte des Geschichtsunterrichts nur noch zum Teil in Form eines festen Bildungskanons die Praxis des Faches bestimmen, mußte der Lehrer für ein höheres Maß eigener Unterrichtsplanung freigesetzt werden. Eine solche Freisetzung von direkten Lehranweisungen konnte nur durch eine erhöhte Bindung an die Normen der Wissenschaftlichkeit aufgefangen werden: Was der Lehrer mit dem ihm in Richtlinien zugestandenen Freiraum inhaltlich anfängt, ist nicht seiner Lust und Laune unterworfen, sondern muß den Normen der Wissenschaftlichkeit standhalten, einer Wissenschaftlichkeit, hinter der als Wächter nicht so sehr die Schulaufsichtsbehörde steht, als die wissenschaftliche Verantwortung des Lehrers selbst. Die Instanz für wissenschaftliche Verantwortung von außen nach innen zu verlegen, bedeutet, wenn man die Gesamttendenz betrachtet, eine Stärkung für diese Verantwortung. Sichtbarer Ausdruck davon ist auch die Veränderung der amtlichen Richtlinien. Diese nehmen immer stärker den Charakter von didaktischen Hilfen für Theorie und Praxis an und verlieren entsprechend immer mehr ihren obrigkeitlichen Anweisungscharakter – eine Entwicklung, bei der allerdings anzumerken ist, daß sie von Bundesland zu Bundesland unterschiedlich schnell abläuft.

Eine konsequente Anwendung hat die Wende zum Lernbegriff mit dem Gedanken der Lernprogression[1] erfahren. Es wird nicht länger die Vorstellung gepflegt, Lernzugewinn erfolge im Geschichtsunterricht einfach durch die Zunahme an Stoffen,vielmehr ist der Begriff Lernprogression auf die gezielte Förderung kognitiver und emotionaler Fähigkeiten abgestellt, also auf eine Grammatik sachgerechten Umgangs mit der Geschichte. Progression bedeutet, daß ein Unterrichtsgang angestrebt wird, in dem solche Fähigkeiten aufeinander aufgebaut, miteinander verschränkt und zu entwickelteren Formen weitergeführt werden. Damit wird ernst mit der Vorstellung gemacht, daß Lernen in der Geschichte nicht nur aus Inhaltsbeherrschung, sondern auch aus Inhaltsverarbeitung besteht.

Die Tendenz zur Abnahme fester Inhaltsbindungen und zur Zunahme von kognitiven Fähigkeit ist natürlich nicht allein aus den Einflüssen der Lern- und Curriculumtheorien zu verstehen. Man muß sogar sagen: Diese Theorien kamen gerade im richtigen Augenblick, um in einer prekären Si-

---

[1] So in den neuen Richtlinien für den Geschichtsunterricht der Sek. I an den Gymnasien Nordrhein-Westfalens.

tuation willkommne Hilfestellung zu leisten. Prekär war die Situation durch das schiere Überquellen der historischen Inhalte. In den 60er Jahren wurde die Unmöglichkeit offenbar, den bisherigen Kanon der Inhalte aufrecht zu erhalten, weil inzwischen viele und gewichtige neue historische Themenfelder unabweisbar auf Berücksichtung drängten. Es kamen damals hinzu: der Nationalsozialismus, das Sowjetreich, die Entkolonialisierungsbewegungen, das kommunistische China, die nötig gewordene stärkere Berücksichtung der USA, die Teilung Deutschlands, der Kalte Krieg, eine Themenfolge also, die reichte, um ein volles Schuljahr auszufüllen. Man mußte also an vielen anderen Stellen den geläufigen Kanon kürzen oder ihn völlig aufgeben. Wer konnte dabei wissenschaftliche Unterstützung geben?

Eine eigentümliche Schwachstelle der Geschichtswissenschaft wird berührt, wenn man von ihr Hilfen für die Reduzierung des ungeheuren Inhaltsangebotes erwartet. Zwar stehen die Universitäten vor demselben Problem – neue Themenfelder und Forschungsaufgaben drängen von allen Seiten. Aber die Lösungswege sehen anders aus als in der Schule und sind nicht auf diese übertragbar. Universitäten reagieren auf die Notwendigkeit, neue Inhaltsgebiete zu erschließen, mit Ausbau oder Anbau innerhalb der eigenen Mauern: Neue Stellen werden geschaffen oder alte umgewidmet; vor allem aber helfen sie sich durch Arbeitsteilung und – verteilung innerhalb der Wissenschaftsgemeinschaft. Obwohl nun aber gerade bei Fragen der Kanonkürzungen die Schule in letzter Konsequenz auf sich allein gestellt bleibt, so bedeutet das nicht, daß die Wissenschaftsnorm im Geschichtsunterricht auch nur im geringsten in Frage gestellt werde. Das oberste Prinzip läßt sich dadurch nicht außer Kraft setzen, und keine Instanz ist zu sehen, die das wünscht.

Dies vorausgeschickt, möchte ich im folgenden dennoch auf Grenzen des wissenschaftsgeleiteten historischen Lernens eingehen. Dabei geht es nicht um das Problem, ob der Geschichtsunterricht um andere Prinzipien, z.B. die politische Bildung, bereichert werden soll. Über solche Fragen gibt es eine alte Diskussion, die hier nicht berührt werden soll. Etwas ganz anderes gibt mir zu denken – Alltagsbeobachtungen, wie sie jeder machen kann : daß es unerhört viele Menschen gibt, darunter viele Gebildete, denen die geschichtliche Welt völlig Hekuba ist, und die Ergebnisse von Schülerumfragen über die Beliebtheit der Unterrichtsfächer: die Geschichte hat seit Jahrzehnten ihren führenden Platz eingebüßt und rangiert im Schlußfeld. Daran schließe ich die Frage an, ob all dieses jahrelange Einüben von Quellenarbeit, Bildinterpretation, Textvergleichen, Filmanalysen, Begriffserklärungen und die vielen methodischen Techniken, mit denen der wissenschaftliche Umgang mit Geschichte realisiert wird, nicht irgendwo ins Leere laufen. Wer davon wirklich etwas hat, das sind die Schüler, die später

Geschichte oder eine nahe verwandte Wissenschaft studieren, indirekt vielleicht auch noch einige andere, die mit Texten zu tun haben, in die Politik oder den Journalismus gehen. Die meisten erlernen einen „historiefernen" Beruf, werden Geschäftsleute, Handwerker, Ingenieure, Ärzte, Beamte. Viele von diesen werden mit den Fertigkeiten eines wissenschaftsgerechten Umgangs mit Geschichte nie wieder etwas anfangen, wenn sie keinen Reiz, keine Neugier mehr verspüren, mit Geschichte etwas zu tun zu haben.

Es geht mir mit dieser Überlegung nicht darum, wieder einmal den berühmten Praxisbezug einzuklagen, und noch weniger darum, Vorschläge vorzulegen, wie man diesen herstellen könnte. Auch darüber gibt es Literatur die Fülle. Es geht vielmehr um die Frage, ob wir im Geschichtsunterricht vor lauter Bäumen den Wald nicht mehr sehen, sprich: ob wir vor lauter Wissenschaftspropädeutik nicht dauernd etwas Wichtiges vergessen, etwas, was auch notwendig und zentral zur historischen Bildung gehört.

In einem differenzierten, reichen Geschichtsbewußtsein und in einem lebendigen Verhältnis zur Geschichte sind immer auch Momente enthalten, die durch planbare Lernprozesse nicht zu erreichen sind, sondern „jenseits" des Lernens liegen.

1. Bereits mitten in den geläufigen Lernzielkatalogen, also dort, wo eigentlich besonderer Wert auf den Gedanken der Erreichbarkeit gelegt werden sollte, kann man auf die ersten Spuren dafür stoßen. Gemeint sind Begriffe wie „Lebensbezug", „Bedeutsamkeit" und „Betroffenheit". Oft wird versucht, diese Begriffe zu rationalisieren und damit für Lernprozesse verfügbar zu machen, so z.B., wenn „Betroffenheit" in eine kognitive und eine affektive Seite auseinanderdividiert wird und als kognitiv „die Erkenntnis der Prägung durch Geschichte und des fremden und eigenen Eingebundenseins", als affektiv die Auslösung von Mitleid, Empathie, Empörung und Bewunderung definiert wird. Dabei wird aber leicht übersehen, daß die Auflösung eines Ganzen in seine Elemente und der Versuch, diese Elemente in Lernprozessen erreichbar zu machen, noch nicht garantiert, daß auch das Ganze erreicht wird – ganz abgesehen davon, daß die Einzelelemente, z.B. die „Erkenntnis des eigenen und fremden Eingebundenseins", immer noch außerordentlich komplex sind.

Wenn es darum geht, „Betroffenheit" – was immer das sei – zu erregen, kommt man nicht umhin, bestimmte, schwer abwägbare Persönlichkeitsmerkmale wie Empfänglichkeit, moralische Reife, vielleicht auch den „fruchtbaren Augenblick im Bildungsprozeß" in Rechnung zu stellen, Momente also, die tief in den Eigenarten des Individuums wurzeln und sich planbarer Verfügbarkeit entziehen. Gerade das Stichwort „Betroffenheit" zeigt in besonderer Weise die Ambivalenzen des Lernens auf, gibt es doch seit geraumer Zeit eine förmliche „Betroffenheits"-Didaktik in Geschichte und Sozialkunde, die in besonderm Maße auf die Eindrucksfähigkeit von Schülern abgestellt ist und die dennoch – oder gerade deshalb – dauernd mit der Gefahr des Überdrusses und der Abwehr bei Schülern zu kämpfen hat. Niemand läßt sich gern ins Innerste schauen, erst recht nicht vom Lehrer und von der Gruppe, und ums Innerste geht es hier. Betroffenheit ist kein Ziel, das sich mit Hilfe von Lernstrategien in der Breite einer Lerngruppe durch einen organisatorisch-didaktischen Zugriff erreichen ließe.- Wenn man mit den intentionalen Lernprozessen bis an die Schwelle starker Empfindungen gelangt, die das Innere der Schüler berühren, kann man zufrieden sein. Den Rest muß das Individuum mit sich selbst abhandeln.

Mitten in den geplanten Lernprozessen selbst tut sich mithin eine Dimension von Nichtplanbarkeit und Nichtverfügbarkeit auf, die uns auf einen Bereich jenseits der Lernprozesse verweist.

2. In der Gegenwart, in der man lebt, muß man sich zurechtfinden. Für die pragmatischen Orientierungen im sog. platten Alltag ist Geschichtsbewußtsein nicht unbedingt vonnöten. Wer über ein differenziertes Geschichtsbewußtsein verfügt, erlebt und versteht Gegenwart anders, nämlich als historische Gegenwart. Ich greife als Beispiel dafür nur ein einzelnes Phänomen heraus, die Sensibilität für anachronistische Problemlösungen. Der historisch Gebildete weiß, daß bestimmte politische Problemlösungen sich durch historischen Mißbrauch oder einfach durch historisches Verbrauchtsein erledigt haben und nicht mehr in Frage kommen können, beispielsweise das Isolieren unerwünschter Bevölkerungsteile in Lager oder – ganz anders gelagert – die Wiederaufrichtung von Monarchien. Er nimmt den Erfahrungsschatz der Vergangenheit in seine eigene Gegenwartsorientierung hinein und macht ihn zu einem Teil seines eigenen Urteils. Das Ergebnis mag man nennen: historisches Verantwortungsgefühl für die Gegenwart.

Auch für dieses gilt, daß es nicht eigentlich „lernbar" ist. Zwar gehört Lernen zu seinen Voraussetzungen, denn – um bei den Beispielen zu bleiben – ohne Kenntnis der Lager im 20. Jahrhundert oder ohne Kenntnis des Schicksals der Monarchien in der Neuzeit könnte man die genannten Folgerungen nicht ziehen, aber es kommen noch Persönlichkeitsmomente hinzu, die sich der Erfaßbarkeit und damit der Planbarkeit entziehen. Was ich meine, ist schwer zu beschreiben und paßt in keine Taxonomie. Ich nenne hier – vielleicht mehr umschreibend als fixierend – den Ernst, mit dem Bewußtseinsprägungen sich vollziehen, hinter denen die ganze Person steht. Wenn dieser fehlt, fehlt das Wichtigste.

3. Geschichtsbewußtsein ist kein rein kognitives Phänomen. Es fließt, wenn es entwickelte Formen angenommen hat, durch hundert Adern in den

praktischen Lebensvollzug ein. Dort offenbart es auch seine sinnliche Seite: es erweitert und verstärkt Wahrnehmung.

Wer über ein ausgeprägtes Geschichtsbewußtsein verfügt, sieht mehr als jemand, der darüber nicht verfügt. Stellen wir uns zwei Spaziergänger in Rom vor, der eine mit einem entwickelten historischen Sinn, der andere ganz ohne einen solchen. Wo der eine nichts sieht außer einigen zerbröckelten Fassaden, erstehen für den anderen Vorstellungsbilder vergangener Welten mit Bezügen, Assoziationen, Parallelen, mit Aha-Erlebnissen, vielleicht mit Erkenntnissen – eine ganze Dimension imaginativer Wahrnehmung ist vorhanden, die für den anderen gar nicht existiert. – Zur sinnlichen Seite des Geschichtsbewußtseins gehört auch die Steigerung künstlerischer Genußfähigkeit durch historisches Bewußtsein. So ist uns Zeitgenossen in aller Regel die Fähigkeit genommen, Malerei oder Musik, Literatur oder Architektur aus weit zurückliegenden Epochen naiv und direkt als schön zu empfinden – zu fern sind Ausdrucksformen und gesellschaftliche Bedingungen. Der Minnesang, die romanische Malerei, Gedichte von Klopstock und vieles andere, dessen unmittelbare ästhetische Wirkung dahin ist, werden zu neuem Leben erweckt, wenn sie durch den Transformator des historischen Sinns laufen. Ein geschärftes Zeitbewußtsein intensiviert die Aufnahmefähigkeit in einem doppelten Sinn: zeitliche Abläufe werden präsiser wahrgenommen und damit Differenzierungsfähigkeit erhöht, was etwa bei kunsthistorischen Entwicklungen unentbehrlich ist und zudem die Genußfähigkeit erhöht, und die bedingenden Zeithintergründe bleiben im Bewußtsein anwesend.

Das Geschichtsbewußtsein ist ein Sichtbarmacher. Es schärft nicht nur die ästhetische Wahrnehmung, sondern auch die politische. Ein Politiker ohne Geschichtsbewußtsein ist nicht ernsthaft argumentationsfähig, ja er ist nicht einmal denkfähig, wenn er nur über ein pragmatisch- unhistorisches Gegenwartsbewußtsein verfügt. Dies braucht nicht weiter erläutert zu werden.

Aber auch in unser aller privatem Alltag werden Kommunikationsformen immer häufiger, die ein mehr oder weniger entwickeltes Geschichtsbewußtsein voraussetzen. In der kleiner und enger werdenden Welt von heute mit ihren sich öffnenden Grenzen, ihren Migrationen und ihrem Tourismus lernen sich Menschen verschiedener Nationalität rascher kennen als früher. Selbst bis in solche privaten Akte hinein tut das Geschichtsbewußtsein seine Wirkung: Man versteht einander auch im Privaten leichter, wenn man das (nur historisch zugängliche) Kollektivschicksal der anderen kennt. In Fällen unbelasteter Geschichte mag das vielleicht noch entbehrlich sein, aber immer dann, wenn die Vergangenheit schwer überbrückbare Klüfte zwischen verschiedenen Nationen aufgerissen hat, ist die Kenntnis dieser Geschichte eine wichtige Voraussetzung auch für das Gelingen persönlicher Beziehungen. Es ist kaum vorstellbar, daß Deutsche und Israelis (oder Juden anderer Nationalität) in eine enge persönliche Beziehung treten könnten ohne dieses historische Bewußtsein. Eine Unbefangenheit kann nur eine wissende Unbefangenheit sein. Aber auch, wenn man von der Singularität des deutsch- jüdischen Verhältnisses absieht, läßt sich leicht erkennen, daß Ängste, Befürchtungen, Widerstände – und seien sie noch sehr ins Unterbewußte zurückgedrängt – gegenüber Angehörigen anderer Völker irgendwo ihre historische Wurzel haben. In den Reserven lateinischer Völker gegen die germanischen, in der Einschätzung der Welschen durch die Deutschen und in vielen anderen stehengebliebenen Ängsten sind ja die Verletzungen und Traumatisierungen durch Geschichte noch greifbar. Durch historisches Bewußtsein können sie noch am ehesten rationalisiert und domestiziert werden können.

Auch dies ist aber wieder Sache eines hochkomplexen Lebensvollzugs, nicht einfach eine Sache historischen Lernens.

In seiner Rektoratsrede vom 9. Mai 1953 beschrieb Hermann Heimpel die Hauptaufgaben der künftigen deutschen Geschichtswissenschaft wie folgt: „die Aufgabe der Bewahrung und Rettung, der Heilung und Versöhnung, der Auftrag des Kampfes gegen das unschuldige Vergessen und gegen die schuldige Legende ..." Er fuhr fort: „... dem eigenen Volk im Erkennen seines Unglücks dazu zu helfen, daß es sich über diese Unglück wissend erhebe, um es im wirklichen oder vermeintlichen Glück vor der Hybris zu warnen, ihm, mit Johannes Hallers Worten, vorzuhalten, wie sehr nahe dem Kapitol der tarpejische Felsen sei"[2]. Der Geschichtswissenschaft wird die fast ins Religiöse reichende Aufgabe der Katharsis und gleichzeitig eine neue, lebendige Rolle für die Gegenwartsorientierung zugesprochen[3]. Allgemeiner, vom deutschen Exempel losgelöst, beschreibt Paul Ricoeur denselben Sachverhalt: „Das Selbst der Selbsterkenntnis ist die Frucht eines Lebens der Selbsterforschung, wie Sokrates in der Apologie sagt. Ein erforschtes Leben aber ist in bedeutendem Maße ein gereinigtes und geklärtes Leben – gereinigt durch kathartische Wirkungen, die von den historischen und fiktiven Erzählungen unserer Kultur ausgehen"[4].

Der Didaktiker neigt dazu zu fragen, wie bestimmte Ziele im Lernprozeß zu erreichen sind. Darauf eine Antwort zu geben, ist bei dem, was mit Katharsis gemeint ist, kaum möglich. Sicher ist: es liegt jenseits organisierter

---

2 Hermann Heimpel: Entwurf einer Deutschen Geschichte. In: Der Mensch in seiner Gegenwart (Vandenhoek und Ruprecht) Göttingen 1954. S. 163 f.

3 Vgl. dazu auch: Jörn Rüsen: Zeit und Sinn. Strategien historischen Denkens. (Fischer TB) Frankfurt a.M. 1990. S. 60.

4 Paul Ricoeur (Einleitung, Anm 7) Bd. III, S. 396.

Lernprozesse. Es hat zu tun mit gelebtem Leben, mit Bewußtheit, Auseinandersetzung und Mühe, auch mit Reife. Vor allem hat es zu tun mit dem Kern der Person, auf den aller Lernzugriff von außen wirkungslos bleibt, wenn er nicht selbst auf das tiefste affiziert ist. Von den hier skizzierten Erscheinungen eines ausgebildeten historischen Bewußtseins – am liebsten würde ich von „historischer Reife“ sprechen – kann man sagen, daß sie des historischen Lernens als einer Voraussetzung bedürfen.

Das historische Lernen seinerseits fußt auf Voraussetzungen, zu denen die in diesem Buch behandelten imaginativen Fähigkeiten gehören. Sie liegen „diesseits“ des Lernprozesses.

Die Vorstellungsfähigkeit schafft Raum für Geschichte, indem sie partiell die Alltagswelt beiseiteschiebt und einen Vorstellungsraum mit Menschen, Örtlichkeiten und Geschehen erfüllt, die einer sekundären Wirklichkeit angehören, in der das Ich sich aber beobachtend und teilnehmend bewegt, als ob es seine Wirklichkeit wäre, wenigstens zeitweise. Die Vorstellungskraft fungiert als Brücke in die zweite Wirklichkeit. Wäre die Vergangenheit noch vollkommen sinnlich erfahrbar, brauchte man keine Imaginationskraft aufzuwenden. Die Imagination schafft das heran, was man nicht sehen, hören und fühlen kann, was man aber braucht, um eine vergangene Welt geistig neu aufbauen zu können. Die wichtigsten geistigen Operationen der Imagination für die Schaffung dieser zweiten Wirklichkeit liegen darin, daß

- die Umklammerung durch die Lebenswelt, an der wir dauernd mit tausend Fäden kleben, durch die Imagination durchschnitten und dadurch ein Weg aus der Lebenswelt heraus ermöglicht wird,
- Isoliertes in Beziehung gesetzt und damit die Möglichkeit geschaffen wird, ein Geflecht von Zusammenhängen zu schaffen, das wir Geschichte nennen, und daß
- dabei unablässig Übertragungen vom Selbstverstehen zum Fremdverstehen und vom Fremdverstehen auf Selbstverstehen stattfinden.

Aufstellung der imaginativen Operationen

1. Sich-Vorstellen
- sich Bilder und greifbare Erklärungen machen von entfernten Tatbeständen und Zusammenhängen,
- Vorstellungen „aufrufen“: aus dem Gedächtnis, durch Vergleich, aus dem Hintergrund eines Textes,
- Hypothesen bilden, d.h. Bruchstücke des Wissens ordnen und zu realitätsnahen und überprüfbaren Möglichkeiten zusammenfügen,
- refigurieren, d.h. Namen und Begriffe mit Leben füllen.

2. Sich einbeziehen und übertragen

- sich in etwas anderes hineinversetzen (in eine Handlung, in einen Text); reagieren, „als ob" (gemeint ist: als ob man in einer anderen Zeit lebte, als ob man ein anderer Mensch wäre, als ob man betroffen oder verstrickt wäre),
- eigene Gefühle und Erfahrungen als Mittel zum Verstehen anderer einsetzen. (Umgekehrt: Gefühle und Erfahrungen anderer zum Verstehen des eigenen Ich einsetzen.)
- eine bewußte Distanz zur eigenen Erfahrung einnehmen (als Negativform des Sich-Einbeziehens).

Die passiven Synthesen, von denen in Kapitel 1–4 die Rede war, liegen „diesseits" des Lernens. Dies soll bedeuten: Man kann diese unbewußten Gestaltbildungsprozesse im Akt des Lesens und die spontanen, nicht steuerbaren Prozesse des Sich-Einbeziehens nicht als intentionale Lernprozesse ansprechen. Sie liegen *vor* allem bewußten Lernen. Es handelt sich um stumme Prozesse, schnell ablaufend, sich rasch einschleifend, aus Vorstellungsströmen bestehend, Prozesse, die im Unbewußten verlaufen und die Handlung, Zeitablauf, Vorstellungsbild und Perspektiven in der eigenen Imagination hervorbringen. Wenn wir von Lernen im didaktischen Zusammenhang sprechen, meinen wir dagegen Organisierbarkeit, Intentionalität, Planbarkeit und Kommunikation. Eben diese Momente spielen bei den imaginativen Operationen vom Typ der passiven Synthesen keine Rolle. Deshalb gibt es keinen Sinn, die Synthesenbildung zum Gegenstand didaktischer Übungen zu machen oder sie als Methode in den Geschichtsunterricht einzuführen. Als Voraussetzung für wissenschaftliches Lernen darf man diese Fähigkeiten aber deshalb ansprechen, weil jemand, der nur rudimentär gelernt hat, Vorstellungsbilder hervorzubringen, diese im Leseakt zu verändern, sich lesend in einer andern Gegenwart aufzuhalten, der sich mithin nie in eine Wirklichkeit hat verwickeln lassen, die nicht seine Alltagwirklichkeit ist, der nie den Wechsel von Nähe und Fremdheit durchspielt hat, weil ein solcher Mensch mit unterentwickelter Imaginationsfähigkeit in aller Regel nicht über die Bereitschaft verfügt, sich überhaupt mit Geschichte einzulassen. Sie wird ihn anöden und langweilen – und jeder weiß, daß dies nicht gerade eine seltene Erscheinung ist.

Was man didaktisch tun kann und muß, ist, der Imagination Möglichkeiten zu geben, damit sie sich in Bewegung setzen und arbeiten kann. Alles übrige ist Sache des Individuums. Aus diesem Gedanken heraus ist unser Eintreten für das Erzählen und das Lesen zu verstehen. Hier ist die Nahrung.

Wir stellen dem längst gut durchforschten Bereich des historischen Lernens im engeren Sinn, d.h. den intentionalen und organisierten Lernprozessen, zwei neue Bereiche an die Seite : eine Fundamentaldimension und eine Existentialdimension. (Der letzte Ausdruck greift auf den Existenzbegriff zurück – aus einer gewissen Verlegenheit: es geht nicht um einen Anschluß an die Existenzphilosophie, der nicht gerechtfertigt wäre, sondern darum, eine Qualität tiefer und ernsthafter Beziehung von Subjekt und Geschichte auszudrücken, die durch den Lernbegriff allein nicht abgedeckt werden kann.) Zum Verständnis des Wortbestandteils „Fundamental ..." ist zu sagen, daß es nicht genügt, ihn als zeitliches Prae zu verstehen, also als etwas, wofür Grund gelegt sein muß, bevor das eigentliche Lernen beginnt. Richtig ist zwar, daß es für das historische Lernen nur nützlich sein kann, wenn die fundamentalen Gestaltbildungsprozesse des Lesens und ein freies Arbeiten der Vorstellungsfähigkeit beim Schüler entwicklungspsychologisch *vorher* abgelaufen sind, daß er also, um es einfach zu sagen, in der Lage ist, imaginativ in eine nicht mehr vorhandene Wirklichkeit einzutreten. Schüler, deren Imaginationsfähigkeit unterentwickelt ist, haben damit Schwierigkeiten und sind nur schwer in der Lage, diese Barriere zu überwinden. Richtig ist aber auch, daß es sich um lebenslange Prozesse handelt, die bei jedem neuen Lesen wieder neu eingeschliffen und differenziert werden. Die Imagination ist ein hungriger Geselle und will immer aufs neue gesättigt sein.- Entsprechendes gilt auch für die existentielle Dimension, die man auch nicht ausschließlich dem Lernen zeitlich nachordnen darf, etwa in der Weise, wie es eine positivistische Pädagogik einmal tat, wenn sie sagte: Erst das Wissen, dann die persönliche Bedeutung. Die drei Dimensionen überschneiden und durchdringen sich, wobei freilich die entwicklungspsychologischen Schwerpunkte gestaffelt sind.

1. Die *fundamentale Dimension* historischer Bildung ist durch die imaginativen Fähigkeiten des Sich-Vorstellens und Sich-Einbeziehens gekennzeichnet. Fundamental ist sie deshalb, weil sie die Grundlage dafür legt, daß inmitten der Lebenswelt ein eigener Bewußtseinsbezirk Geschichte geöffnet und figuriert werden kann. Ohne die Gestaltbildungsprozesse beim Lesen und Zuhören ist der Akt der Vergegenwärtigung des Vergangenen nicht möglich.
2. Die *Lerndimension* ist im wesentlichen identisch mit dem, was im Geschichtsunterricht oder überhaupt in organisierten und intentionalen Lernprozessen getrieben wird. Hierhin gehört die volle Bandbreite der materialen Kenntnisse von Geschichte sowie der kognitiven und emotionalen Fähigkeiten und der methodischen Fertigkeiten, die im Umgang mit historischen Gegenständen erlernt werden. Alle Orientierungen dieser Dimension sind wissenschaftlich oder wissenschaftsnah.
3. Die *existentielle Dimension* erfordert nicht eigentlich neue geistige Fähigkeiten, vielmehr einen vertieften personalen Bezug zur Sache. An

Stelle des Lernens und Übens tritt die Teilhabe: Ich selbst bin im Spiel, weil die Geschichte meine Angelegenheit ist. Mea res agitur.

Geschichtliches Lernen, die zweite Dimension, ist zwar das didaktische Kernstück, aber keineswegs identisch mit der vollen Spannweite historischer Bildung. Sich dies bewußt zu halten, kann auch für den Geschichtslehrer recht heilsam sein. Er überschätzt dann nicht sein Tun.

Literaturverzeichnis

Ariès, Philippe: Zeit und Geschichte. (Athenäum) Frankfurt a. M. 1988.

Aristoteles: Über die Seele. (Schöningh) Paderborn 1953.

Baumgartner, Hans Michael / Rüsen, Jörn (Hrsg.): Seminar. Geschichte und Theorie, Umrisse einer Historik. Frankfurt 1976.

Becher, Ursula / Bergmann, Klaus (Hrsg.): Geschichte – Nutzen oder Nachteil für das Leben. (Schwann) Düsseldorf 1986.

Berger, Peter L. / Luckmann, Thomas: Die gesellschaftliche Konstruktion der Wirklichkeit. Frankfurt a. M. 1970.

Bergmann, Klaus / Kuhn, Annette / Rüsen, Jörn / Schneider, Gerd (Hrsg.): Handbuch der Geschichtsdidaktik. 3. Aufl. (Schwann) Düsseldorf, 1985.

Bloom, Benjamin S. / Engelhart, Max D. / Furst, Edward J. / Hill, Walker H. / Krathwohl, David R. (Hrsg): Taxonomie von Lernzielen im kognitiven Bereich. (Beltz) Weinheim und Basel 1972.

von Borries, Bodo: Geschichtslernen und Geschichtsbewußtsein. Empirische Erkundungen zu Erwerb und Gebrauch von Historie. (Klett) Stuttgart 1988.

Braudel, Fernand / Davis, Natalie Zemon / Febvre, Lucien / Ginzburg, Carlo / LeGoff, Jacques / Koselleck, Reinhart / Momigliano, Arnaldo: Der Historiker als Menschenfresser. Über den Beruf des Geschichtsschreibers. (Wagenbach tb 187) Berlin 1990.

Danto, Arthur C.: Analytische Philosophie der Geschichte. (Suhrkamp) Frankfurt a.M. 1974. (Taschenbuchausgabe stw 328) 1980.

Dilthey, Wilhelm: Plan der Fortsetzung zum Aufbau der geschichtlichen Welt in den Geisteswissenschaften. Entwürfe zur Kritik der historischen Vernunft. Gesammelte Schriften. Bd. VII. Hrsg. von Bernhard Groethuysen. (Teubner) Stuttgart 1961.

Freud, Sigmund: Der Dichter und das Phantasieren (1908), in: Werkausgabe in 2 Bänden, hrsg. v. Anna Freud / Ilse Grubrich-Simitis, Bd. 2 (Fischer) Frankfurt a.M. 1978.

Gadamer, Hans-Georg: Wahrheit und Methode. Grundzüge einer philosophischen Hermeneutik. 2. Aufl.(Mohr/Siebeck) Tübingen 1965.

Heimpel, Hermann: Der Mensch in seiner Gegenwart. 2. erw. Aufl. (Vandenhoek und Ruprecht) Göttingen 1957.

Ingarden, Roman: Das literarische Kunstwerk. 2. Aufl. Tübingen 1960.

Iser, Wolfgang: Der implizite Leser (UTB 163) (Fink) München 1972.

– Der Akt des Lesens. (UTB 636) (Fink) München 1976.

– Die Appellstruktur der Texte, in: Warning, Rainer (Hg.): Rezeptionsästhetik. Theorie und Praxis . 3. Aufl. (Fink) München 1988.

– Der Lesevorgang: in: Warning, Rainer (Hg.) ebd.

Jaensch, E.R.: Über den Aufbau der Wahrnehmungswelt und die Grundlagen der menschlichen Erkenntnis. (Barth) Leipzig 1931.

Jeismann, Karl-Ernst: Geschichte als Horizont der Gegenwart. (Schöningh) Paderborn 1985.

Kade, Sylvia: Methoden des Fremdverstehens. Ein Zugang zu Theorie und Praxis des Fremdverstehens. (Klinkhardt) Bad Heilbrunn 1983.

Kirchhoff, Hans Georg / Tiemann, Dieter (hrsg.): Geschichtsunterricht und Geschichtsbewußtsein. Dortmund 1983.

Kocka, Jürgen / Nipperdey, Thomas Hrsg.): Theorie und Erzählung in der Geschichte. München 1979.

Koselleck, Reinhart: Vergangene Zukunft. Zur Semantik vergangener Zeiten. (Suhrkamp stw 757) Frankfurt a.M. 1989
Koselleck, Reinhart / Wolf Dieter Stempel (Hrsg.): Geschichte – Ereignis und Erzählung. (Fink) München 1973.
Koselleck, Reinhart / Lutz, Heinrich / Rüsen, Jörn (Hrsg.): Form der Geschichtsschreibung. München 1982.
Knigge, Volkhard: „Triviales" Geschichtsbewußtsein und verstehender Geschichtsunterricht. (Centaurus) Pfaffenweiler 1988.
Krathwohl, David R. / Bloom, Benjamin S. / Masia, Bertram B.: Taxonomie von Lernzielen im affektiven Bereich. (Beltz) Weinheim und Basel 1975.
Kunz, Hans: Die anthropologische Bedeutung der Phantasie. Bd. I. Die psychologische Analyse und Theorie der Phantasie. Basel 1946.
Mainberger, Gonslav K.: Imagination. In: Condrau, Gion (Hg.): Die Psychologie des 20. Jahrhunderts. Bd. XV. Transzendenz, Imagination und Kreativität: Religion – Parapsychologie – Literatur und Kunst. (Kindler) Zürich 1979.
Mütter, Bernd / Quandt, Siegfried (Hrsg.): Historie. Didaktik. Kommunikation. Wissenschaftsgeschichte und aktuelle Herausforderungen. (Hitzeroth) Marburg 1988.
Mütter, Bernd / Uffelmann, Uwe (Hrsg.): Emotionen und historisches Lernen. Forschung – Vermittlung – Rezeption. (Diesterweg) Frankfurt a.M. 1992.
Perrig, Walter J.: Vorstellungen und Gedächtnis. (Springer) Berlin/Heidelberg/New York 1988.
Ricoeur, Paul: Zeit und Erzählung. Bd. I: Zeit und historische Erzählung. (Fink) München 1988. Frz. Originalausgabe: Temps et récit. tome I. Paris 1983.
– Zeit und Erzählung. Bd.2: Zeit und literarische Erzählung. (Fink) München 1989. Frz.: Paris 1984.
– Zeit und Erzählung. Bd. 3. Die erzählte Zeit (Fink) München 1991. Frz.: Paris 1985.
Rohlfes, Joachim: Geschichte und ihre Didaktik. (Vandenhoek und Ruprecht) Göttingen 1986.
Rüsen, Jörn: Zeit und Sinn. Strategien historischen Denkens (Fischer Wissenschaft 7435) Frankfurt 1990.
Rüsen, Jörn: Rekonstruktion der Vergangenheit. (Vandenhoek und Ruprecht) Göttingen 1968.
– Historische Vernunft. (Vandenhoek und Ruprecht Nr. 1489) Göttingen 1983.
Rüttgers, Kurt: Geschichtserzählung als kommunikativer Text. In: Historisches Erzählen. Formen und Funktion. Göttingen 1982
Rusch, Gebhard: Theorie der Geschichte, Historiographie und Diachronie. (Lumis- Schriften 11.) Siegen 1986 (Schreibmaschinendruck).
Schapp, Wilhelm: In Geschichten verstrickt. Zum Sein von Mensch und Ding. (Richard Meiner) Hamburg 1953.
Schiffer, Werner: Theorien der Geschichtsschreibung und ihre erzähltechnische Relevanz. (Metzler) Stuttgart 1980.
Schörken, Rolf: Geschichte in der Alltagswelt. Wie uns Geschichte begegnet und was wir mit ihr machen. (Klett-Cotta) Stuttgart 1981.
Sprenger, Reinhard: Erzählung, schriftliche Quelle, literarisches Beispiel. Arbeitsformen im Geschichtsunterricht. (Burg) Freiburg 1979.
Schulz- Hageleit, Peter: Geschichte: erleben – erlernen – verstehen. (Schwann) Düsseldorf, 1987
Schulz-Hageleit, Peter: Was lehrt uns die Geschichte? (Centaurus) Pfaffenweiler 1989.
Schwumm, Gerhard: Wahrnehmung und Phantasie. Eine ontogenetische Skizze. (Fischer) Frankfurt a.M. 1989
Warning, Rainer (Hg.): Rezeptionsästhetik. Theorie und Praxis. (UTB 303, Fink) München 1975.
Wehler, Hans- Ulrich: Aus der Geschichte lernen? (Beck) München 1988.
White, Hayden: Auch Klio dichtet oder Die Fiktion des Faktischen. Studien zur Tropologie des historischen Diskurses. (Klett – Cotta) Stuttgart 1986.

White, Hayden: Die Metaphysik der Narrativität: Zeit und Symbol in Ricoeurs Geschichtsphilosophie. In: Die Bedeutung der Form – Erzählstrukturen in der Geschichtsschreibung. (Fischer) Frankfurt a.M. 1990.
White, Hayden: Metahistory. Die historische Einbildungskraft im 19. Jahrhundert in Europa. (S. Fischer) Frankfurt a.M. 1991.

Eberhard Zeller

Oberst Claus Graf Stauffenberg

Ein Lebensbild

Mit einer Einführung von Peter Steinbach
1994. 378 Seiten, mit zahlr. Abbildungen, Ln. mit Schutzumschlag,
ISBN 3-506-79770-0

Dieses Buch wird aus allen Veröffentlichungen zum 50. Jahrestag des 20. Juli 1944 herausragen. Es ist das erste große Lebensbild, das allen, die sich je gefragt haben: „Welch ein Mensch war dieser Stauffenberg?", die Faszination und außergewöhnliche Ausstrahlung dieses Mannes, des zur Tat treibenden Motors des Widerstandes, so nahe bringt, wie es aus der Distanz vergangener Zeit überhaupt nur möglich ist.

Autor dieser „inneren Biographie" Stauffenbergs ist ein Berufener: Eberhard Zeller (Jg. 1909), der mit ihm auf eine Schule ging, ihn näher kennenlernte durch gemeinsame Freunde und Vertraute, denen Zeller wie dem einzig überlebenden Bruder Alexander Stauffenberg zeit ihres Lebens nah verbunden blieb.

So ist Zeller, Autor des vielgelesenen Standardwerkes über den 20. Juli: „Geist der Freiheit", der vielleicht letzte, der authentisches Zeugnis geben kann von dieser großen Gestalt deutscher Geschichte. In einem bewegenden Bericht hat er dies jetzt getan.

„Das Bild meines Mannes ist mir aus anderen Veröffentlichungen fast hinter einer Wand verschwunden. Bei Zeller fand ich ihn wieder."

NINA GRÄFIN VON STAUFFENBERG

„Wer immer den Anspruch ernst nimmt, der Historiker sei der Interpret einer einzigartigen Realität – er wird diese Biographie faszinierend finden und sich von dem Atem beeindrucken lassen, der sie auszeichnet."

PETER STEINBACH

Schöningh
Ferdinand Schöningh GmbH · Postfach 2540 · D-33055 Paderborn